Module Erziehungswissenschaft

Band 3

Reihe herausgegeben von

Hedda Bennewitz, Universität Kassel, Kassel, Hessen, Deutschland

Andrea Kleeberg-Niepage, Europa-Universität Flensburg, Flensburg, Schleswig-Holstein, Deutschland

Sandra Rademacher, Europa-Universität Flensburg, Flensburg, Schleswig-Holstein, Deutschland

‚Module Erziehungswissenschaft' ist eine moderne Lehrbuchreihe, die der Organisationsstruktur erziehungswissenschaftlicher Studiengänge in Modulen entspricht. Jede Einführung greift einen Kernbegriff oder Gegenstandsbereich auf, der zentral für die Modulbeschreibungen zum Studium an Hochschulen ist. In übersichtlichen und klar gegliederten Darstellungen finden Studierende einen komprimierten Überblick zum Fachgegenstand. Definitionen, zusammenfassende Übersichten und kommentierte Literaturhinweise helfen, das Gelernte zu vertiefen. Damit wird ein sicherer Einstieg in die zentralen Begriffe und Lernfelder der Erziehungswissenschaft ermöglicht. Die Konzeption der Bücher orientiert sich eng am Studien- und Arbeitsalltag von Studierenden und Dozentinnen und Dozenten. Im Laufe eines Semesters lassen sich die „Module" oder einzelne Kapitel als „Teilmodule" daraus effektiv in Seminarveranstaltungen – oder als Vor- und Nachbereitung von Vorlesungen – einsetzen und bearbeiten. Ziel der Reihe ‚Module Erziehungswissenschaft' ist es, ein gesichertes Basiswissen für das Fach Erziehungswissenschaft in Form von modul-orientierten Lehrbüchern zu entwickeln und bereitzustellen.

Hedda Bennewitz ·
Michael Meier-Sternberg

Schüler*innen
Eine Einführung

 Springer VS

Hedda Bennewitz
Universität Kassel
Kassel, Deutschland

Michael Meier-Sternberg
Europa-Universität Flensburg
Flensburg, Deutschland

ISSN 2524-3519   ISSN 2524-3527 (electronic)
Module Erziehungswissenschaft
ISBN 978-3-658-20064-0   ISBN 978-3-658-20065-7 (eBook)
https://doi.org/10.1007/978-3-658-20065-7

Die Deutsche Nationalbibliothek verzeichnet diese Publikation in der Deutschen Nationalbibliografie; detaillierte bibliografische Daten sind im Internet über https://portal.dnb.de abrufbar.

© Springer Fachmedien Wiesbaden GmbH, ein Teil von Springer Nature 2024

Das Werk einschließlich aller seiner Teile ist urheberrechtlich geschützt. Jede Verwertung, die nicht ausdrücklich vom Urheberrechtsgesetz zugelassen ist, bedarf der vorherigen Zustimmung des Verlags. Das gilt insbesondere für Vervielfältigungen, Bearbeitungen, Übersetzungen, Mikroverfilmungen und die Einspeicherung und Verarbeitung in elektronischen Systemen.
Die Wiedergabe von allgemein beschreibenden Bezeichnungen, Marken, Unternehmensnamen etc. in diesem Werk bedeutet nicht, dass diese frei durch jede Person benutzt werden dürfen. Die Berechtigung zur Benutzung unterliegt, auch ohne gesonderten Hinweis hierzu, den Regeln des Markenrechts. Die Rechte des/der jeweiligen Zeicheninhaber*in sind zu beachten.
Der Verlag, die Autor*innen und die Herausgeber*innen gehen davon aus, dass die Angaben und Informationen in diesem Werk zum Zeitpunkt der Veröffentlichung vollständig und korrekt sind. Weder der Verlag noch die Autor*innen oder die Herausgeber*innen übernehmen, ausdrücklich oder implizit, Gewähr für den Inhalt des Werkes, etwaige Fehler oder Äußerungen. Der Verlag bleibt im Hinblick auf geografische Zuordnungen und Gebietsbezeichnungen in veröffentlichten Karten und Institutionsadressen neutral.

Planung/Lektorat: Stefanie Laux
Springer VS ist ein Imprint der eingetragenen Gesellschaft Springer Fachmedien Wiesbaden GmbH und ist ein Teil von Springer Nature.
Die Anschrift der Gesellschaft ist: Abraham-Lincoln-Str. 46, 65189 Wiesbaden, Germany

Wenn Sie dieses Produkt entsorgen, geben Sie das Papier bitte zum Recycling.

Inhaltsverzeichnis

1	**Einleitung: Schüler*innen**	1
	1.1 Zum Zusammenhang von Schule und Schüler*innen	1
	1.2 Forschung zu Schüler*innen	7
	1.3 Methoden der Forschung zu Schüler*innen	8
	1.4 Zum Aufbau des Buches	10
	Literatur	12
2	**Perspektiven auf Schüler*innen**	15
	2.1 Einleitung	15
	2.2 Die Schüler*innenrolle	16
	2.3 Schüler*innen als Akteur*innen in ihrer Lebenswelt	20
	2.4 Die Schüler*innenpraktiken	27
	2.5 Die Schüler*innenbiografie	29
	2.6 Der Schüler*innenhabitus	32
	Literatur	35
3	**Über die Verschiedenheit von Schüler*innen**	39
	3.1 Einleitung	39
	3.2 Zur sozialen Konstruktion von Heterogenität	41
	3.3 „Doing difference" – Unterschiede werden gemacht	42
	3.4 Subjektivation in Schule und Unterricht	46
	3.5 „Doing image"	53
	Literatur	58

4	**Schüler*innen lernen Leisten**	63
4.1	Einleitung	63
4.2	Leistungserbringung als Teil der schulischen Sozialisation	66
4.3	Leistungsbereitschaft körperlich darstellen	71
4.4	Leistung als Produktionsprozess	76
	Literatur	82
5	**Schüler*innen als Peers**	85
5.1	Einleitung	85
5.2	Gemeinschaft, Differenz und Hierarchie	88
5.3	Soziale Orte im Klassenzimmer	90
	5.3.1 Für-sich-Welten	91
	5.3.2 Von Nahräumen und Kleinwelten	92
	5.3.3 Von Bühnen und ihrem Publikum	95
	5.3.4 Von Begegnungen und Fernräumen	98
	Literatur	103
6	**Schule als Lebenswelt. Rückblick und Ausblick**	105
	Literatur	111

Abbildungsverzeichnis

Abb. 4.1 „Charakterbildungsanstalt" (M. Marks nach Jackson, 1975,
S. 22, Copyright: © Marie Marcks 1974) 70

Abb. 4.2 „Körperhaltungen im Unterricht" (unveröffentlichter
Protokollausschnitt von Michael Meier) 74

Tabellenverzeichnis

Tab. 2.1 „Was gefällt Schülern am Schulleben – nach Jahrgangstufen" (Maschke und Stecher 2010, S. 31) 25
Tab. 2.2 „Was gefällt Schülern nicht am Schulleben – nach Jahrgangstufen" (Maschke und Stecher 2010, S. 31) 26
Tab. 5.1 „Soziale Orte im Unterricht" (Bennewitz und Meier 2010, S. 105) 91

Einleitung: Schüler*innen

▶ *In diesem Kapitel leiten wir in das Buch ein. Wir nutzen dazu eine historische Quelle, bei der es sich um eine etwa 4000 Jahre alte Erzählung über das Leben eines Schülers handelt. Wir zeigen dann, wie Schüler*innen aktuell in erziehungswissenschaftlicher Forschung thematisiert werden und geben abschließend einen Ausblick auf die weiteren Kapitel des Bandes.*

1.1 Zum Zusammenhang von Schule und Schüler*innen

Wann genau Schulen entstanden sind, ist unbekannt. Vermutlich sind sie aber von den Sumerern um etwa 3200 vor Christus ‚erfunden' worden. Die sumerische Kultur zählt zu den ersten Hochkulturen der Welt. Dort wurde nach heutigem Wissensstand die erste Schrift entwickelt und hat das gesellschaftliche Zusammenleben verändert. Die Keilschrift ermöglichte die genaue Erfassung von Ernten durch Beamte, erleichterte den Warenverkehr und sicherte bedeutende Wissensbestände der sumerischen Kultur, die vorher nur mündlich überliefert werden konnten. Das Erlernen der Keilschrift war schwierig und mühsam, und so entstanden nach und nach Orte, an denen das Lesen und Schreiben gelehrt und gelernt wurde. Geschrieben wurde dort auf Tontafeln. Diese Lernstätten, in denen auch Tontafeln mit sumerischen Texten aufbewahrt wurden, hießen Edubba, was mit Tafelhaus übersetzt werden kann. Aus heutiger Sicht handelt es sich bei den Tafelhäusern um eine Mischung aus Schule und Bibliothek, wie wir es später auch in den mittelalterlichen Klosterschulen sehen (vgl. zur Geschichte von Schule z. B. Konrad 2007).

In die sumerischen Tafelhäuser gingen vor allem Jungen der Oberschicht, aber auch vereinzelt Mädchen. Archäologische Funde in den Städten Ur, Isin und Nippur legen nahe, dass in Mesopotamien zwischen 1800–1600 v. Chr. grundlegende Lese- und Schreibkenntnisse unter den Stadtbewohner*innen und Händler*innen verbreitet waren. Es gab vermutlich sogar ein Curriculum, das unter anderem Sumerisch, Rechnen, Geometrie, Brief- und Urkundenschreiben, Gesetzestexte und Geschichte umfasste (vgl. Nunn 2006, S. 82; Wilcke 2002, S. 12). Erstaunlicherweise sind aus dieser Zeit auch Texte über den Alltag der Menschen überliefert. Recht bekannt geworden ist eine Geschichte, die in der englischen Übersetzung *Sumerian School Days* heißt. Der Begriff Schule (von griech. scola) ist allerdings jüngeren Datums und zur Zeit der Sumerer nicht gängig gewesen. Er geht auf die um 800 v. Ch. beginnende griechische Antike zurück und kann mit Muße oder Freizeit übersetzt werden.

Quellenkritik

Der Text *Sumerian School Days* wurde etwa 2000 Jahre v. Chr. in Mesopotamien (heute Teil des Irak) auf Sumerisch verfasst (vgl. World History Commons 1949). In den Jahren 1909–1949 wurden 21 Tafeln bzw. Fragmente nach und nach von mehreren Archäolog*innen transliteriert und übersetzt. Der amerikanische Sumerologe Samuel N. Kramer stellte 1949 eine erste Übersetzung des gesamten Textes in englischer Sprache vor. Da Textfragmente an mehreren Orten gefunden wurden, vermutete er, dass der Text sehr beliebt war. Aus welcher Motivation heraus er verfasst wurde und welchen genauen Zweck man mit ihm verfolgte, bleibt allerdings ebenso wie manche Übersetzung im Ungefähren (vgl. Kramer 1949, S. 3 ff., 1959, S. 19 ff.). Die französischen Assyriologen um Dominique Charpin et al. (vgl. 2004, S. 531) betiteln den Text abweichend von Kramer mit „Sohn des Tafelhauses" und sehen in ihm eine Satire. Der Altorientalist Claus Wilcke (vgl. 2002, S. 18 f.) sieht darin sogar eine Art Schulkritik, mit der die schulische Praxis hinterfragt wird. Der altorientalische Philologe Konrad Volk (vgl. 1996, S. 180) weist auf die Notwendigkeit einer Neuedition hin, nicht zuletzt, um Methoden altmesopotamischer Erziehung besser herausarbeiten zu können.

Aktuell liegen verschiedene Übersetzungen in deutscher Sprache vor, die sich teilweise nicht nur stilistisch, sondern auch partiell inhaltlich unterscheiden. Kleinere Differenzen zeigen sich beispielsweise bereits am Anfang. Die Version von Kramer „Schoolboy, where did you go from earliest days? I went to school." (1949, S. 9) wird bei Volk (2015, S. 101) zu „Schüler, wo bist du denn die ganze Zeit hingegangen? Zur Schule bin ich stets gegangen." In einer Übersetzung aus dem Institut für Altorientalistik der FU Berlin (Alexei Kassian 2013, Min. 2:34) wird dieser Part zu „Sohn des Tafelhauses, wohin pflegtest du in alten Zeiten zu gehen? Zum Tafelhaus pflegte ich zu gehen".

Ungeachtet der unterschiedlichen Übersetzungen scheint das Alter der Schrift jedoch nicht fraglich zu sein. Für das bessere Verständnis der im Text geschilderten Ereignisse haben wir eine stark redigierte Fassung erstellt, die mit Übersetzungen von Charpin et al. (2004, S. 532 ff.), Wilcke (2002, S. 18 ff.) und Volk (2015, S. 101 ff.) arbeitet. Hierfür haben wir verschiedene Übersetzungen zusammengefügt. Entstanden ist ein leichter zu lesender und weniger komplexer Text. Diese Kompilation erfüllt nicht die wissenschaftlichen Kriterien archäologisch-historischen Arbeitens.

1.1 Zum Zusammenhang von Schule und Schüler*innen

Entscheidend für die Nutzung des Textes ist seine Perspektive. Es geht um die Geschichte eines Jungen oder jungen Mannes, der vermutlich auf Wunsch der Familie die Schule besucht und aufgefordert wird, von seinem Schulalltag zu berichten. Im Mittelpunkt stehen seine Erfahrungen. Wir arbeiten im Folgenden mit drei Textstellen, um sein Erleben und die aus dem Schulbesuch resultierenden Anforderungen an den Schüler bzw. den Sohn des Tafelhauses herauszuarbeiten. Um Handlungsprobleme oder Perspektiven von Erwachsenen in der Schule wird es nicht gehen.

Fallbeispiel Sumerian School Days (Teil 1)

Sohn, wohin bist du schon so lange gegangen? – Ich bin zum Tafelhaus gegangen.
Was hast du im Tafelhaus gemacht? – Ich habe meine Tafel gelesen, mein Frühstück gegessen, habe meine Tafel geformt, geschrieben, beendet, und dann hat man mir meine ‚stehenden (vom Meister vorgeschriebenen) Zeilen' aufgegeben, mittags hat man mir meinen […] Abschnitt aufgegeben. […] Als das Tafelhaus aus war, bin ich nach Hause gegangen. Ich bin ins Haus eingetreten – mein Vater saß da. Ich habe meinem Vater meinen Abschnitt aufgesagt, […] Meine Tafel habe ich ihm gelesen; mein Vater hat sich über mich gefreut (Charpin et al. 2004, S. 532, redigierte Fassung).◄

Was lässt sich an dieser ca. 4000 Jahre alten literarischen Schrift über das Tafelhaus aussagen? Zuerst wird deutlich, dass der Sohn das Haus der Familie verlässt und einen anderen Ort aufsucht. Damit begibt er sich an einen Ort, den der Vater nicht direkt einsehen bzw. überwachen kann. Dort hat er eine Tafel hergestellt, gelesen und (ab)geschrieben. Die zu erledigenden Aufgaben werden von einem Meister oder Pedell (Aufseher) verteilt. Wieder zu Hause trifft der Sohn den Vater und er zeigt, was er gelernt hat. Der Vater signalisiert Zufriedenheit mit der gezeigten Leistung.

Der Aufenthalt im Tafelhaus zeichnet sich nicht nur durch bestimmte Tätigkeiten und Aufgaben aus, sondern auch durch die Anwesenheit von verschiedenen Personen, auf die im Verlauf des Textes Bezug genommen wird.

Fallbeispiel Sumerian School Days (Teil 2)

Im Tafelhaus sagte der Pedell zu mir: „Warum bist du zu spät gekommen?" Ich bekam Angst, mein Herz pochte. Ich trat zu meinem Meister ein und

verbeugte mich höflich. Er las mir prüfend meine Tafel. „Das ist dafür, dass du eine Zeile ausgelassen hast", sagte er und schlug mich. [...].
Als der Meister die Schulvorschriften examinierte, sagte der Der-Knüffe-verteilt: „Du hast auf der Straße umhergegafft" und schlug mich. Mein Meister setzte mir meine Tafel hin. Der Hofaufseher sagte: „Schreibt!", und schon setzte ich mich an meinen Platz. Meine Tafel hatte ich zur Hand, die Vor-Zeichnung vor mir eingeritzt. Ich schrieb nun meine Tafel, meine Aufgaben sagte ich auf. Ohne gefragt zu werden, öffne ich den Mund auf kein Wort. Aber Der-vom-Silentium sagte „Warum redest du ohne meine Erlaubnis?" und schlug mich. Der Mann-der-Vogelfeder sagte „Warum hast du dich nicht gerade hingesetzt?" und schlug mich. Der Vor-Zeichner sagte „Warum bist du ohne meine Erlaubnis aufgestanden?" und schlug mich. Der Türsteher sagte „Warum hast du ohne meine Erlaubnis den Weg zur Straße genommen?" und schlug mich. Der-vom-Bierfass sagte „Warum hast du ohne meine Erlaubnis Wasser genommen?" und schlug mich. Der Sumerischlehrer sagte „Du hast Akkadisch gesprochen" und schlug mich. Mein Meister sagte „Deine Handschrift ist unzumutbar" und schlug mich. Da ward ich des Schreiberhandwerks leid (Charpin et al. 2004, S. 533 f., redigierte Fassung; Ergänzungen nach Volk 2015, S. 103).◄

Die Erzählung bringt nun detaillierter zum Ausdruck, was im Tafelhaus passiert. Hier gibt es offenbar mehrere Personen, die die Schüler[1] überwachen, strafen und belehren: So ist der Pedell an Pünktlichkeit interessiert, während der Meister Wert auf eine gute Handschrift legt. Der Sumerischlehrer achtet auf die richtige Schulsprache und der Hofaufseher sowie weitere Aufseher sorgen sich um Anwesenheit und Umgangsformen. Die Namen der Lehrer und Aufseher (Türsteher, Knüffe-Verteiler, etc.) sind an ihre Aufgaben und Funktionen gebunden. Diese Personen repräsentieren die Regeln und Normen der Schule und sind für deren Einhaltung zuständig, denn sie sanktionieren die Schüler bei Nichtbeachtung.

Dem Text ist zu entnehmen, dass es eindeutige Verhaltenserwartungen gegeben haben muss, weil die Strafen immer an ein konkretes Fehlverhalten geknüpft sind. An diesem Tag begeht der Sohn eine ganze Reihe von Verfehlungen und wird neun Mal gezüchtigt. Seine erste und letzte Strafe erhält er, weil er nicht ordentlich seine Schreibaufgabe erledigt hat. Fast alle anderen Strafen beziehen sich hingegen nicht direkt auf das Lesen oder Schreiben, sondern auf sein Verhalten.

---

[1] In den historischen Ausführungen zur sumerischen Schule greifen wir auf das Maskulin zurück, da der überwiegende Teil der Schüler und die Lehrer bzw. Aufseher männlich waren.

Verboten ist es, auf die Straße zu gehen oder dort umherzugaffen, zu reden, aufzustehen, nicht gerade zu sitzen und nicht in der ‚richtigen' (Bildungs-)Sprache zu sprechen. Das Tafelhaus erscheint in diesem Textabschnitt als eine freudlose und strenge *Überwachungs- und Disziplinierungsanstalt* (vgl. zum Zusammenhang von Überwachen und Strafen bei Foucault 1977).

Am Beispiel des Zuspätkommens ist die machtvolle Wirkung von Kontrolle und Strafe auf die Psyche eines Schülers abzulesen: Auch wenn der Sohn in dieser Situation nicht bestraft wird, so pocht doch sein Herz aus Angst. Die Norm der Pünktlichkeit ist also bereits verinnerlicht und sie lenkt sein Fühlen und Handeln. Für den Sohn ist der Besuch des Tafelhauses mit Gefühlen der Angst und der Demotivation verbunden.

Für ihn bedeutet der Aufenthalt in der Schule also weit mehr, als sich dem Lesen und Schreiben zu widmen. Das Tafelhaus hält ein relativ enges Korsett an Verhaltensregeln bereit. Er lernt, sich an Verhaltenserwartungen zu halten und sein Handeln an diesen auszurichten. Die Erziehungsmethode der Züchtigung (vgl. zur Geschichte der *Schwarzen Pädagogik* Rutschky 1988) erweist sich als nicht motivationsförderlich und das Tafelhaus wird zu einem verdrießlichen Ort. Im weiteren Fortgang nimmt die Geschichte eine Wende zurück in die Familie.

Fallbeispiel Sumerian School Days (Teil 3)

Das Leben im Tafelhaus ist unerträglich. Also fordert der Sohn seinen Vater auf, seinem Meister ein Geschenk zukommen zu lassen und sagt, was er in im Tafelhaus noch zu lernen gedenkt: „Kalkulation und Bilanzieren soll er, der Meister, bleiben lassen! Den übrigen Lehrstoff, der in der Schule von Bedeutung ist, den jeder Absolvent der Schule vortragen muss, den will ich aber vortragen." Also lässt der Vater den Meister vom Tafelhaus abholen, gibt ihm eine Hausführung und bietet ihm einen Ehrenplatz an.

Der Sohn stellt sich vor ihnen auf und demonstriert, was er von seinem Meister an Schreibkunst gelernt hat. Daraufhin spricht der Vater: „Mein Junge, dessen Hand er (der Meister) zum Schreiben geöffnet, aus dir einen klugen Menschen gemacht hat, dir hat er alle Geheimnisse der Schreibkunst enthüllt. Weil er ihm kenntnisreich Einblick in die Lösungen von Rechentafeln mit Kalkulations- und Bilanzierungsaufgaben gegeben hat, konnte er ihm am Ende sogar die verdeckten Stellen der Schrift erhellen."

Voller Freude bietet der Vater dem Meister ein gutes Bier an, lässt ihn mit reichlich Öl salben und schenkt ihm schließlich ein neues Gewand und einen Armreif. Da kann der Meister gar nicht mehr anders. Er muss in das Lob des Sohnes einstimmen und ihn segnen. Er werde der Erste unter seinen

,Brüdern' (Mitschülern) sein, der Anführer seiner Kameraden, der Allererste ,Brüder' und auch im Königspalast verkehren (Redigierter Text, entnommen aus Wilcke 2002, S. 18; Volk 2015, S. 105 f.; Charpin et al. 2004, S. 537).◄

Mit dieser letzten Passage wird die Bedeutung von Leistung und das Verhältnis zwischen Familie und Schule in den Fokus gerückt. Weil das Leben im Tafelhaus für den Sohn unerträglich sei, fordert er den Vater auf, den Meister nach Hause einzuladen. Vor allem scheinen mathematische Themen (Kalkulation und Bilanzieren) ein Problem für den Sohn darzustellen. Nun wird so lange geschmeichelt und gelobt, bis der Meister die guten Leistungen des Sohnes ebenfalls preist und eine Karriere am Königspalast prognostiziert. Man sieht, dass schulischer Erfolg und Bewertung nicht zwingend von den tatsächlich erworbenen Fähigkeiten abhängen, sondern auch in enger Verbindung zu *sozialen und ökonomischen Kapitalien* – um es mit den Worten des französischen Soziologen Pierre Bourdieu (1987) zu sagen – stehen, über die ein Schüler bzw. seine Herkunftsfamilie verfügt. Zum Ausdruck kommt in dieser Szene das Interesse der Familie am Schulbesuch des Sohnes. Am Ende soll ihm der Titel eines Schreibers verliehen werden, der als Zertifizierung und ,Eintrittskarte' in eine außergewöhnliche Berufskarriere verstanden werden kann. Die vorderasiatische Archäologin Astrid Nunn (2006, S. 86) erklärt: „Ein einfacher Schreiber erhielt Rationen, wie sie für Handwerker üblich waren. Die Entlohnung von Schreibern in Spitzenpositionen [z. B. in Verwaltung und am Hof] war zwischen 20–50 Mal höher." Ein besonders gutes Zeugnis zahlte sich also aus!

▶ Der alte sumerische Text regt dazu an, das Tafelhaus mit der Schule von heute zu vergleichen, denn erstaunlicherweise können etliche Parallelen gezogen werden. Die Erziehungswissenschaftlerin Christel Adick (1992) beschreibt die verblüffende Ähnlichkeit zwischen Schulen – historisch und global betrachtet – als „Universalisierung von Schule", wobei der Besuch einer Schule zum Erwerb der „Lese- und Schreibkundigkeit" allerdings für „Jahrtausende in allen Kontinenten das Privileg von Minderheiten geblieben" ist (ebd., S. 19). Die Geschichte von Schule, ihre Ausbreitung und Institutionalisierung soll hier nicht weiter verfolgt werden, auch wenn der Text *Sumerian School Days* zahllose Fragen zur Entstehung von Schule auszulösen vermag. Auf weiterführende Literatur wird am Ende des Kapitels verwiesen.

Anschlussfähig erweist sich der Text *Sumerian School Days* an aktuelle wissenschaftliche Diskurse, wie etwa zum Verhältnis von Familie und Schule, dem Zusammenhang von Bildungserfolg und sozio-ökonomischer Herkunft, sozialen Beziehungen in der Schule, der Bedeutung von Strafe und Kontrolle als Erziehungsmittel, dem Handeln von Lehrkräften, Regelbrüchen von Schüler*innen, ihrer Motivation aber auch an der ‚Unlust' am Lernen. Diese Liste ließe sich problemlos ergänzen und führt gewissermaßen zu einem Dilemma in der Forschung zu Schüler*innen. Dieses wird im nächsten Kapitel beleuchtet.

1.2 Forschung zu Schüler*innen

Streng genommen erfüllt unser Buch das Ziel der Reihe ‚Module Erziehungswissenschaft', nämlich in erziehungswissenschaftliche Fachbegriffe einzuführen, nur bedingt. Die Existenz von Schüler*innen ist seit einigen tausend Jahren eine soziale Tatsache. Um einen Fachbegriff (wie z. B. Bildung, Sozialisation, Lernen) in einem engeren Sinne handelt es sich bei Schüler*innen jedoch nicht. Auch der Begriff der Schüler*innenforschung findet sich – im Gegensatz zu Schulforschung oder Unterrichtsforschung – eher selten. Obwohl Schule ohne Schüler*innen nicht zu denken ist und sie in vielen Forschungsarbeiten auftauchen, spielen sie dort oftmals gerade nicht die Hauptrolle. Ihre Lebenswelt, ihre Perspektiven und ihr Handeln sind bislang – vor allem im Vergleich zu den anderen zentralen Akteur*innen der Schule, den Lehrer*innen – weit weniger erforscht. Dennoch finden sich erziehungswissenschaftliche Arbeiten, die sich im Kern für die Schüler*innen interessieren und die wir bis in die 1960er Jahre zurückverfolgen konnten. Bis in die späten 1990er Jahre sind solche Publikationen jedoch nur spärlich zu finden. Um die Jahrtausendwende beginnt eine immer deutlichere und bis heute anhaltende Zunahme von Forschungstätigkeiten zu Schüler*innen.

Jakob Muth publizierte 1966 ein Buch mit dem Titel *Schülersein als Beruf*, in dem er eine Analogie zwischen der Berufstätigkeit von Erwachsenen und dem Schulbesuch sieht. Der erste Sammelband mit dem Titel *Der Schüler* wird 1977 von Winfried Böhm herausgegeben. Ein Jahr später folgt *Der unbeliebte Schüler* von Hanns Petillon (1978), in dem er Beliebtheitsrangordnungen von Grundschüler*innen u. a. im Zusammenhang mit ihrer Schulleistung, ihrem Sozialverhalten und ihrem Selbstbild untersucht. Etwa zehn Jahre später erscheint ebenfalls von Petillon (1987) eine Monografie mit dem Titel *Der Schüler* mit der er sich deutlich von Böhm abgrenzt, weil er darin versucht die Perspektive von Kindern und Jugendlichen auf Schule zu präsentieren. Mit Unterrichtsmethoden, Langeweile und Graffitis befasst sich dann Wolfgang Fichten (1993) in *Unterricht aus Schülersicht*. Im selben Jahr formuliert Konrad Wünsche (1993) in Anlehnung an Adorno die *Tabus über dem Schülerberuf*.

Ab Mitte der 1990er Jahre finden sich dann die ersten Überblicksarbeiten, in denen Forschungen zu Schüler*innen zusammengefasst werden.

Klaus Jürgen Tillmann (1995) systematisiert Forschungen zu Schüler*innen unter dem Begriff *Schulische Sozialisationsforschung*. Wolfgang Fichten (1997) sammelt Befunde zu *Unterricht und Schule aus der Sicht von Schüler*innen*. Jürgen Zinnecker (2000) bündelt – unter Bezugnahme auf z. T. gleiche Autor*innen wie Tillmann – eine *Neue Schülerethnographie*. Heiner Meulemann und Zinnecker fassen etwas später (2003) dann Befunde zur Lebenswelt und Rolle von Schüler*innen zusammen. Im Handbuch der Schulforschung, herausgegeben von Werner Helsper und Jeanette Böhme (2004), wird in drei Kapiteln unter der Überschrift *Schülerforschung* zu *Schülerpersönlichkeit* (Dalbert und Stöber 2004) zu *Schülerbiografie und Schulkarriere* (Helsper 2004) und zu *Peer-Interaktion und Peerkultur* (Breidenstein 2004) referiert. Heike de Boer und Heike Deckert-Peacemann (2009) loten unter dem Titel *Kinder in der Schule* die Verhältnisse zwischen Kindsein und Schüler*insein sowie zwischen der Peerkultur und der schulischen Ordnung aus. Georg Breidenstein (2006) formuliert den *Schülerjob* und Sabine Maschke und Ludwig Stecher (2010) publizieren Befunde zum *Schulleben*. Zur Frage *Wie Schüler die Schule erleben?* hat Fritz Bohnsack (2012) etwas lose empirische Befunde gesammelt. Den *Schülerhabitus* konturieren Werner Helsper, Rolf-Torsten Kramer und Sven Thiersch (2014). Heike Deckert-Peaceman und Gerold Scholz (2016) untersuchen Diskurs-Praxis-Formationen zum Schulanfang und referieren unter dem Titel *Vom Kind zum Schüler* ebenfalls zahllose einschlägige Befunde. Ein Überblick zu *Peerkultur in der Schule* folgt 2016 (Bennewitz et al.) und unter der Überschrift *Schülerpraktiken* werden wenig später ethnografische Studien zusammengefasst (Breidenstein 2018). Seit 2022 liegt nun erstmalig ein *Handbuch der Forschung zu Schülerinnen und Schülern* (Bennewitz et al. 2022) vor, das versucht, Forschungsbefunde zu den Sichtweisen und Praktiken von Schüler*innen zu systematisieren und darzustellen.

1.3 Methoden der Forschung zu Schüler*innen

In den eben genannten Monografien, Herausgeberbänden und Aufsätzen wird – manchmal uneinheitlich und abwechselnd – von Schüler*innen, Peers oder auch Kindern und Jugendlichen gesprochen. Dies hat erstens etwas damit zu tun, dass

1.3 Methoden der Forschung zu Schüler*innen

Schüler*innen all dies immer auch sind: Sie sind Kinder oder Jugendliche, die in die Schule gehen, dort ihre Freund*innen treffen und Zeit mit sozial bedeutsamen Gleichaltrigen (Peers) verbringen. Zweitens kann die Bezeichnung einen Hinweis darauf geben, welcher Aspekt des Schüler*innen-Seins von den Forscher*innen favorisiert wird. Neben der Namensgebung unterscheiden sich die Studien aber vor allem auch durch ihr forschungsmethodisches Vorgehen. Empirische Arbeiten, in denen Tätigkeiten in der Schule, Perspektiven, Habitus oder Praktiken erforscht werden, gehen methodisch unterschiedlich vor: Schüler*innen werden beobachtet, befragt, interviewt oder auch gefilmt und die erhobenen Daten werden mit unterschiedlichen Strategien ausgewertet. Zwei Forschungsansätze sollen hier kurz vorgestellt werden:

Befragungen
Um herauszufinden, was Schüler*innen denken, ist es notwendig sie zu befragen. Dies kann mithilfe von Fragebögen, Interviews oder Gruppendiskussionen geschehen. Die methodische Spannbreite ist groß. Befragungen lassen sich sowohl den quantitativen als auch den qualitativen Methoden der Sozialforschung zurechnen. Erstere erheben ihre Daten oft mit standardisierten Tests und Fragebögen und werten diese mit statistischen Verfahren aus. Die qualitativen Verfahren nutzen verschiedene, mitunter sehr offene Interviewformen. Diese Forschungsperspektive interessiert sich für subjektive Sichtweisen und Erzählungen, Urteile, Deutungen oder Einstellungen von Schüler*innen (vgl. Gniewosz und Paschon 2022; Martens 2022; Türkyilmas 2022).

Beobachtungen
Um herauszufinden, was Schüler*innen tun, ist es notwendig, sie zu beobachten. Das kann mithilfe von Kameras und/oder der teilnehmenden Beobachtung geschehen. Die Spannbreite bei der Auswertung der Videos ist ebenfalls recht groß. Hier kommen sowohl qualitative und quantitative Methoden der Sozialforschung zur Anwendung. Neuerdings wird der Einsatz von Videos, vor allem aus datenschutzrechtlichen Gründen, kritisch diskutiert. Bei dem methodischen Vorgehen der teilnehmenden Beobachtung handelt es sich im Kern um eine ethnografische Forschungsstrategie. Die Forschenden sind dabei über einen längeren Zeitraum im Forschungsfeld anwesend (vgl. Breidenstein et al. 2020; Meier und Eckermann 2022).

Die Forschung zu Schüler*innen zeichnet sich durch ein breites Spektrum von empirischen Methoden und unterschiedlichen thematischen Bezügen aus. Das vorliegende Buch will eine ebenso differenzierte wie schlüssige Betrachtung von Schüler*innen leisten und grundlegende Befunde zu einem zugänglichen Gesamtbild zusammenbinden; es kann nicht leisten, jegliche Forschungen, die sich (auch) mit Schüler*innen befassen, darzustellen. Wir orientieren uns an der Idee einer Schüler*innenforschung, wie sie im *Handbuch der Forschung zu Schülerinnen und*

Schülern (Bennewitz et al. 2022) konturiert wird: es geht vor allem um die Perspektiven und das Handeln von Schüler*innen. Solche Befunde erwachsen meist aus sogenannten mikro-soziologischen, kulturanalytischen, praxistheoretischen oder auch ethnografischen Studien.

Thematisch gebündelt haben wir Untersuchungen, die Aspekte der Heterogenität, der Leistung und der Peerkultur im Unterricht berücksichtigen. Dabei versuchen wir mit Fallbeispielen möglichst nah an das Handeln und die Perspektiven von Schüler*innen heranzurücken. Mit dieser Fokussierung geht einher, dass viele andere Forschungen zu Schüler*innen von uns nur am Rande oder gar nicht aufgegriffen werden. An einigen Stellen ergeben sich thematische Bezüge zu Sozialisation (z. B. Hummrich und Kramer 2017), Inklusion und sozialer Ungleichheit (z. B. Trautmann und Wischer 2011), während Migrations- und Fluchterfahrungen (z. B. Hummrich und Terstegen 2020), Genderaspekte (z. B. Jäckle 2009), die Beziehungen zwischen Lehrkräften und Schüler*innen oder auch zu Eltern (z. B. Bonanati und Knapp 2016) fast gänzlich unbearbeitet bleiben.

1.4 Zum Aufbau des Buches

In Kap. 2 werden wissenschaftliche Begriffe und Sichtweisen auf Schüler*innen sortiert und beschrieben. Schüler*innenrolle, Schüler*innenbiografie, Schüler*innenhabitus und Schüler*innenjob werden, soweit möglich, mit Fallbeispielen erklärt. Kap. 3 „Über die Verschiedenheit von Schüler*innen" behandelt die Unterschiedlichkeit von Schüler*innen. Was Differenzen zwischen Schüler*innen sind und wie diese im Unterricht durch Lehrkräfte und Mitschüler*innen erzeugt und hervorgebracht werden, wird ebenso aufgezeigt wie ihre Bedeutung für die Teilnahme am Unterricht.

In Kap. 4 „Schüler*innen lernen Leisten" wird gezeigt, dass ein großer Teil der schulischen Sozialisation mit der Einübung in die Leistungserbringung zu tun hat, und dass diese Einübung bis in die Körperdisziplin der Schüler*innen hineinreicht. In Kap. 5 „Schüler*innen als Peers" wird sichtbar, dass Schule und Unterricht nicht nur als Orte schulischen Lernens, sondern auch als Orte peerkultureller Begegnung aufzufassen sind. Dabei steht im Fokus, wie Schüler*innen verschiedene soziale Orte im Unterricht herstellen, in denen sie sich miteinander vergemeinschaften, voneinander differenzieren und sozial hierarchisieren.

1.4 Zum Aufbau des Buches

Fragen

Reflektieren Sie, was die Schule für Sie im Laufe Ihres Lebens bedeutet hat. Was war Schule für Sie vor Schuleintritt, was war sie während Ihrer Schulzeit, und wie schauen Sie heute auf Schule? Wie sprechen Schüler*innen aus der Grundschule und aus den weiterführenden Schulen heute über ihren Schulalltag? Sie können Interviews führen, um dies herauszubekommen. Würden Sie die Schule von heute immer noch als *Überwachungs- und Disziplinierungsanstalt* bezeichnen? Sie können dazu z. B. den Beitrag von Herbert Kalthoff (1997) zum *Zensurenpanoptikum* lesen.

▶ **Weiterführendes zur Geschichte von Schule und zu Sumerian School Days**

- BAF Films (2018). Edubba A. Film. Berner Altorientalisches Forum. (Künstlerische Verfilmung „Sumerian School Days"). https://www.baf.unibe.ch/baf_35_mm/index_eng.html. Zugegriffen: 13. September 2022.
- Diederich, J., & Tenorth, H.-E. (1997). *Theorie der Schule. Ein Studienbuch zu Geschichte, Funktion und Gestaltung.* Berlin: Cornelsen.
- Fend, H. (2006). *Geschichte des Bildungswesens. Der Sonderweg im europäischen Kulturraum.* Wiesbaden: Springer.
- Geißler, G. (2013). *Schulgeschichte in Deutschland. Von den Anfängen bis in die Gegenwart* (2., aktualisierte und erweiterte Aufl.). Bern: Peter Lang Verlag.
- Kassian, A. (2013). Am Anfang war der Keil – Schrift und Schreiben im Alten Orient. Video. Youtube. (Video des Instituts für Altorientalistik der Freien Universität Berlin). https://www.youtube.com/watch?v=bGVGRIMzACI. Zugegriffen: 13. September 2022.
- Kramer, S. N. (1949). *Schooldays: A Sumerian Composition Relating to the Education of a Scribe.* Philadelphia: The University Museum.
- RSA (2011). RSA ANIMATE: Changing Education Paradigms. Video. Youtube. (Video zum 'alten' Schulparadigma und gegenwärtigen Problemstellungen). https://www.youtube.com/watch?v=zDZFcDGpL4U. Zugegriffen: 27. September 2022.
- Weiterführende Erläuterungen zur altbabylonischen Schreibschule (Edubba) und zu den Tontafeln finden sich in der englischsprachigen Wikipedia:

- Wikipedia contributors (2022). Eduba. Wikipedia, The Free Encyclopedia. https://en.wikipedia.org/wiki/Eduba. Zugegriffen: 13. September 2022.
- World History Commons. *Sumerian School Days* nach S. N. Kramer (1949). (Die vollständige Übersetzung des Originals in Englisch). https://worldhistorycommons.org/sumerian-school-days. Zugegriffen: 8. September 2022.

Literatur

Adick, C. (1992). *Die Universalisierung der modernen Schule: eine theoretische Problemskizze zur Erklärung der weltweiten Verbreitung der modernen Schule in den letzten 200 Jahren mit Fallstudien aus Westafrika.* Paderborn, München: Schöningh.
Bennewitz, H., Breidenstein, G., & Meier, M. (2016). Peerkultur in der Schule. In S.-M. Köhler, H.-H. Krüger, & N. Pfaff (Hrsg.), *Handbuch Peerforschung* (S. 413–426). Opladen: Barbara Budrich.
Bennewitz, H., de Boer, H., & Thiersch, S. (Hrsg.). (2022). *Handbuch der Forschung zu Schülerinnen und Schülern.* Münster: Waxmann.
Boer, d. H., & Deckert-Peacemann, H. (2009). *Kinder in der Schule. Zwischen Gleichaltrigenkultur und schulischer Ordnung.* Wiesbaden: Verlag für Sozialwissenschaften.
Böhm, W. (Hrsg.). (1977). *Der Schüler.* Bad Heilbrunn: Klinkhardt.
Bonanati, M., & Knapp, C. (2016). *Eltern – Lehrer – Schüler. Theoretische und qualitativ-empirische Betrachtungen zum Verhältnis von Elternhaus und Schule sowie zu schulischen Gesprächen.* Bad Heilbrunn: Klinckhard.
Bohnsack, F. (2012). *Wie Schüler die Schule erleben. Zur Bedeutung der Anerkennung, der Bestätigung und der Akzeptanz von Schwäche.* Opladen: Barbara Budrich.
Bourdieu, P. (1987). *Die feinen Unterschiede. Kritik der gesellschaftlichen Urteilskraft.* Frankfurt a. M.: Suhrkamp.
Breidenstein, G. (2004). Peer Interaktion und Peer Kultur. In W. Helsper, & J. Böhme (Hrsg.), *Handbuch der Schulforschung* (S. 921–941). Wiesbaden: VS-Verlag.
Breidenstein, G. (2006). *Teilnahme am Unterricht. Ethnographische Studien zum Schülerjob.* Wiesbaden: VS Verlag für Sozialwissenschaften.
Breidenstein, G. (2018). Schülerpraktiken. In M. Proske, & K. Rabenstein (Hrsg.), *Kompendium Qualitative Unterrichtsforschung* (S. 189–206). Bad Heilbrunn: Klinkhardt.
Breidenstein, G., Hirschauer, S., Kalthoff, H., & Nieswand, B. (2020). *Ethnografie – Die Praxis der Feldforschung* (3. Aufl.). Konstanz: UTB.
Charpin, D., Edzard, D. O., & Stol, M. (2004). Mesopotamien. Die altbabylonische Zeit. Zurich Open Repository and Archive, University of Zurich. (E-Book im Original erschienen bei Academic Press Fribourg). https://www.zora.uzh.ch/id/eprint/151595/1/Charpin_Edzard_Stol_2004_Mesopotamien.pdf. Zugegriffen: 28. September 2022.
Dalbert, C., & Stöber, J. (2004). Forschungen zur Schülerpersönlichkeit. In W. Helsper, & J. Böhme (Hrsg.), *Handbuch der Schulforschung* (S. 881–902). Wiesbaden: Verlag für Sozialwissenschaften.

Deckert-Peaceman, H., & Scholz, G. (2016). *Vom Kind zum Schüler. Diskurs-Praxis-Formationen zum Schulanfang und ihre Bedeutung für die Theorie der Grundschule.* Opladen: Barbara Budrich.
Fichten, W. (1993). *Unterricht aus Schülersicht: die Schülerwahrnehmung von Unterricht als erziehungswissenschaftlicher Gegenstand und ihre Verarbeitung im Unterricht.* Frankfurt a. M.: Lang.
Fichten, W. (1997). Unterricht und Schule aus der Sicht von Schülerinnen und Schülern. In D. Spindler (Hrsg.), *Schule... und sie bewegt sich doch* (S.191–204). Oldenburg: Zentrum für päd. Berufspraxis.
Foucault, M. (1977). *Überwachen und Strafen.* Frankfurt a. M.: Suhrkamp.
Gniewosz, B., & Paschon, A. (2022). Fragebogen. In H. Bennewitz, H. de Boer, & S. Thiersch (Hrsg.), *Handbuch der Forschung zu Schülerinnen und Schülern* (S. 137–143). Münster: Waxmann.
Helsper, W. (2004). Schülerbiographie und Schulkarriere. In W. Helsper, & J. Böhme (Hrsg.), *Handbuch Schulforschung* (S. 903–920). Wiesbaden: VS-Verlag.
Helsper, W., & Böhme, J. (2004). Handbuch der Schulforschung. Wiesbaden: VS-Verlag.
Helsper, W., Kramer, R.-T., & Thiersch, S. (Hrsg.). (2014). *Schülerhabitus: Theoretische und empirische Analysen zum Bourdieuschen Theorem der kulturellen Passung.* Wiesbaden: Springer.
Hummrich, M., & Kramer, T. (2017). *Schulische Sozialisation. Lehrbuch. Basiswissen Sozialisation.* Wiesbaden: Springer VS.
Hummrich, M. Terstegen, S. (2020). *Migration. Eine Einführung.* Wiesbaden: Springer VS.
Kalthoff, H. (1997). Das Zensurenpanoptikum. Zur Praxis der schulischen Bewertung. In ebd., *Wohlerzogenheit. Eine Ethnographie deutscher Internatsschulen* (S. 127–152). Frankfurt a. M.: Campus Verlag.
Kramer, S. N. (1959). *Geschichte beginnt mit Sumer.* München: Paul List.
Konrad, F.-M. (2007). *Geschichte der Schule. Von der Antike bis zur Gegenwart.* München: C.H. Beck.
Jäckle, M. (2009). *Schule M(m)acht Geschlechter. Eine Auseinandersetzung mit Schule und Geschlecht unter diskurstheoretischer Perspektive.* Wiesbaden: Springer VS.
Martens, M. (2022). Fokus auf geteilte Erfahrungen. Das Gruppendiskussionsverfahren in der Schüler*innenforschung. In H. Bennewitz, H. de Boer, & S. Thiersch (Hrsg.), *Handbuch der Forschung zu Schülerinnen und Schülern* (S. 129–136). Münster: Waxmann.
Maschke, S., & Stecher, L. (2010). *In der Schule. Vom Leben, Leiden und Lernen in der Schule.* Wiesbaden: VS Verlag.
Meier, M., & Eckermann, T. (2022). Teilnehmende Beobachtung von Schüler*innen. In H. Bennewitz, H. de Boer, & S. Thiersch (Hrsg.), *Handbuch der Forschung zu Schülerinnen und Schülern* (S. 144–149). Münster: Waxmann.
Meulmann, H., & Zinnecker, J. (2003). Die Rolle des Schülers. Lebenschancen, Lebenswelten und Lebensverläufe. Ein Bericht über Forschungen in Deutschland 1985 bis 2001. In H. Merkens, & J. Zinnecker (Hrsg.), *Jahrbuch Jugendforschung 3/2003* (S. 111-154). Opladen: Leske + Budrich.
Muth, J. (1966). *Schülersein als Beruf.* Heidelberg: Quelle & Meyer.
Nunn, A. (2006). *Alltag im alten Orient.* Mainz a. R.: Philipp von Zabern.
Petillon, H. (1978). *Der unbeliebte Schüler. Theoretische Grundlagen, empirische Untersuchungen, pädagogische Möglichkeiten.* Braunschweig: Westermann.

Petillon, H. (1987). *Der Schüler – Rekonstruktion der Schule aus der Perspektive von Kindern und Jugendlichen.* Darmstadt: Wissenschaftliche Buchgesellschaft.
Rutschky, K. (Hrsg.). (1988). *Schwarze Pädagogik. Quellen zur Naturgeschichte der bürgerlichen Erziehung.* Frankfurt a. M.: Ullstein.
Tillmann, K.-J. (1995). Schulische Sozialisationsforschung. In H.-G. Rolff (Hrsg.), *Zukunftsfelder von Schulforschung* (S. 181–210). Weinheim: Dt. Studien Verl.
Türkyilmas, A. (2022). Interviews mit Schüler*innen. In H. Bennewitz, H. de Boer, & S. Thiersch (Hrsg.), *Handbuch der Forschung zu Schülerinnen und Schülern* (S. 123–128). Münster: Waxmann.
Trautmann, M., & Wischer, B. (2011). *Heterogenität. Eine kritische Einführung.* Wiesbaden: Springer VS.
Volk, K. (1996). Methoden altmesopotamischer Erziehung nach Quellen altbabylonischer Zeit. *Saeculum.* https://doi.org/10.11588/propylaeumdok.00000877. Zugegriffen: 6. März 2023.
Volk, K. (2015). *Erzählungen aus dem Land Sumer.* Wiesbaden: Harrassowitz.
Wilcke, C. (2002). Konflikte und ihre Bewältigung in Elternhaus und Schule im Alten Orient. In R. Lux (Hrsg.), *Schau auf die Kleinen. Das Kind in Religion, Kirche und Gesellschaft* (S. 10–31). Leipzig: Evangelische Verlagsanstalt.
Wünsche, K. (1993). Tabus über dem Schülerberuf. *Zeitschrift für Pädagogik 39* (3), 369–38.
Zinnecker, J. (2000). Soziale Welten von Schülern und Schülerinnen. Über populare, pädagogische und szientifische Ethnographien. *Zeitschrift für Pädagogik 46* (5), 667–690.

Perspektiven auf Schüler*innen 2

▶ *Bei der wissenschaftlichen Beschäftigung mit Schüler*innen werden unterschiedliche Blickwinkel eingenommen, mit denen verschiedene Facetten des Schüler*innen-Seins beschrieben und erforscht werden. Mit jeder Perspektive verbinden sich eigene Theorie- und Forschungstraditionen, die zum Teil in enger Verwandtschaft stehen. In diesem Kapitel geht es um die Schüler*innenrolle, Schüler*innen als Akteur*innen, Schüler*innenpraktiken, den Schüler*innenhabitus und die Schüler*innenbiografie.*

2.1 Einleitung

Die Darstellung der von uns aufgegriffenen Perspektiven versucht eine gewisse chronologische Reihenfolge einzuhalten. Daran soll erkennbar werden, wie sich der Blick auf Schüler*innen im Laufe der Zeit und vor dem Hintergrund neuer Erkenntnisse wandelt. Diese Systematik stößt jedoch an ihre Grenzen, wenn Forschungslinien sich ausdifferenzieren und neue Entwicklungen sich überlagern und überschneiden. Wir starten mit dem Begriff der Schüler*innenrolle. Der Rollenbegriff wird in den 1970er Jahren populär und steht in einer engen Verbindung zur Sozialisationsforschung, die sich mit dem Aufwachsen von Kindern und Jugendlichen im gesellschaftlichen Kontext beschäftigt (2.2). Etwa zeitgleich verändern die gesellschaftlichen Reform- und Emanzipationsbewegungen der 1968er den Blick auf Erziehung und auf Kinder. Konzepte antiautoritärer Erziehung werden in der Kinderladenbewegung (vgl. Bock et al. 2020) aufgegriffen und tragen dazu bei, Kinder als Akteur*innen und Gestalter*innen ihrer Lebenswelt zu begreifen

© Springer Fachmedien Wiesbaden GmbH, ein Teil von Springer Nature 2024
H. Bennewitz und M. Meier-Sternberg, *Schüler*innen*, Module Erziehungswissenschaft 3, https://doi.org/10.1007/978-3-658-20065-7_2

(2.3). In der lebensweltlichen Forschungstradition stehen auch neuere (meist ethnografische) Studien, die Schüler*innenpraktiken erforschen. Hier wird der Alltag von Schüler*innen genau beobachtet und gezeigt, was sie tun, wenn sie an Unterricht und Schule teilnehmen (2.4). Auch Studien zu Schüler*innenbiografien (2.5) und zum Schüler*innenhabitus (2.6) interessieren sich dafür, wie Schüler*innen an Schule teilnehmen, forschen aber häufiger mit Interviews. Schüler*innen werden zu ihren Erfahrungen mit Schule befragt, um biografische Verläufe zu beschreiben oder ihren Bildungshabitus zu rekonstruieren, beispielsweise um aufzuzeigen, wie familiäre Erfahrungen den Schulbesuch prägen. In allen Unterkapiteln wird jeweils entlang zentraler Studien argumentiert und exemplarisch werden weitere empirische Befunde und Erkenntnisse aufgegriffen.

2.2 Die Schüler*innenrolle

In erziehungswissenschaftlichen Arbeiten (insbesondere ab den 1970er Jahren) werden Erwartungen an Schüler*innen unter dem Begriff der Schülerrolle beschrieben. Mit der Rollentheorie hat in der zweiten Hälfte des letzten Jahrhunderts ein sozialwissenschaftliches Konzept Eingang in die Erziehungswissenschaft gefunden. Im deutschen Kontext werden die Schriften zum *Homo Sociologicus* von Ralf Dahrendorf (1959) zu einem wichtigen Ausgangspunkt der Rezeption.

▶Soziale Rollen sind für Dahrendorf (2006, S. 37) ein „Bündel von Erwartungen, die sich in einer gegebenen Gesellschaft an das Verhalten der Träger von Positionen knüpfen". Sie bezeichnen „Ansprüche der Gesellschaft [...], die von zweierlei Art sein können: einmal Ansprüche an das Verhalten der Träger von Positionen (Rollenverhalten), zum anderen Ansprüche an sein Aussehen und seinen ‚Charakter' (Rollenattribute)" (ebd.). Drei Merkmale von Sozialen Rollen werden benannt:

(1) Soziale Rollen sind gleich Positionen quasi-objektive, vom Einzelnen prinzipiell unabhängige Komplexe von Verhaltensvorschriften.
(2) Ihr besonderer Inhalt wird nicht von irgendeinem Einzelnen, sondern von der Gesellschaft bestimmt und verändert.
(3) Die in Rollen gebündelten Verhaltenserwartungen begegnen dem Einzelnen mit einer gewissen Verbindlichkeit des Anspruches, so daß er sich ihnen nicht ohne Schaden entziehen kann (ebd., S. 39).

2.2 Die Schüler*innenrolle

Mit dem Rollenbegriff wurde untersucht, welche gesellschaftlichen Erwartungen an die jeweiligen Rollen, z. B. Vater, Lehrer*in, Polizist*in, Tochter, Schüler*in, Gewerkschafter*in, geknüpft sind und in welcher Art und Weise die Rollen ausgefüllt werden können. Identifiziert wurden auch Rollenkonflikte, die dann entstehen, wenn Personen unterschiedliche Rollen innehaben, die zu widersprüchlichen Handlungserwartungen führen. So kann ein Student beispielsweise auch Vater einer Tochter sein. Dies kann ihn in die Situation bringen, seine Tochter vom Kindergarten abholen zu müssen, während er zeitgleich ein wichtiges Seminar besucht. Auch Schüler*innen sind nicht nur Inhaber*innen einer einzigen Rolle. Sie sind immer auch Freund*in, Sohn oder Tochter, Messdiener*in, Musiker*in, Sportler*in, usw., was auch sie in Rollenkonflikte bringen kann.

Im Jahr 1976 erscheint fast zeitgleich mit dem englischen Original von Barbara Calvert *The Role of the Pupil* (1975) die deutsche Übersetzung *Die Schülerrolle – Erwartungen und Beziehungen*. Dieses Buch markiert den Beginn eines wachsenden wissenschaftlichen Interesses an Schüler*innen und teilt mit anderen Veröffentlichungen die Feststellung, dass diesen bislang viel zu geringe Aufmerksamkeit geschenkt wurde. Wie beschreibt nun Calvert die Schüler*innenrolle? Sie stellt fest, dass Schüler*innen als „Mitglied eines Ensembles" (1976, S. 18) verstanden werden können, dass sowohl Lehrkräfte, Eltern aber auch Mitschüler*innen umfasst. Die Beziehung zwischen Lehrkräften und Schüler*innen wird von Calvert als die bedeutsamste herausgestellt, denn beide Rollen bedingen sich gegenseitig: ohne Schüler*innen bräuchte es keine Lehrkräfte und ohne Lehrkräfte gäbe es schließlich auch keine Schüler*innen. Aufgrund eines damals vorliegenden Mangels an empirischen Befunden (vgl. Kap. 1.3) schlägt sie vor, die Erwartungen an die Schüler*innenrolle aus verschiedenen Quellen (Schulordnungen, Lehrpläne, Testmaterial, etc.) zu „destillieren" (vgl. ebd., S. 20 f.). Im Fallbeispiel wird gezeigt, wie Calvert den Brief einer Lehrerin an eine Mutter interpretiert:

Schüler*innenrolle

Sehr geehrte Frau …!
  Ihr Sohn Bruce ist im Lesen recht gut, in den anderen Fächern erbringt er durchschnittliche Leistungen. Wenn es ihm noch gelingt, seine Zunge besser im Zaun zu halten, kann er ein ganz guter Mitschüler und ein Gewinn für seine Gruppe werden.
    Mit freundlichen Grüßen
    Ihre…

Dieser kurze Brief beinhaltet eindeutig zahlreiche Erwartungen im Hinblick auf den schulischen Fortschritt, das Schwatzen, die Pflichten gegenüber der Gemeinschaft und der Integration in die Gruppe. Es gibt Hinweise auf den jeweiligen Part, den der Schüler, die Mutter und die Lehrerin im Ausbildungsprozess zu übernehmen haben. Demzufolge gehört es also zur Rolle des Schülers, daß er Selbstkontrolle entwickelt, hart an sich arbeitet, gesprächig, aber nicht geschwätzig ist, und daß er auf die Maßnahmen des Lehrers, die ihm helfen und ihn verändern sollen, eingeht (Calvert 1976, S. 21). ◄

Mit der Interpretation von Calvert wird einerseits erkennbar, welche Rollenvorschriften in der Schule existieren. Diese weisen nicht nur eine erstaunliche Nähe zu aktuellen Schulgesetzen auf (vgl. z. B. § 69 des Hessischen Schulgesetzes), sondern auch zu den Regeln im sumerischen Tafelhaus (s. Einleitung in diesem Band). Zum anderen geraten konkrete Erwartungen, die an die Schüler*innenrolle geknüpft sind, an die Oberfläche: das Einüben von Selbstkontrolle und die Bereitschaft an sich zu arbeiten, sich an den richtigen Stellen zu äußern und den Vorgaben der Lehrer*in Folge zu leisten.

Im weiteren Verlauf des Buches arbeitet sich Calvert an verschiedenen Aspekten der Schüler*innenrolle ab. Sie untersucht u. a. die „Rolle des Kindes" und die „Rolle des Missetäters", den „Musterschüler", den „vorausschauenden Schüler", den Schüler als „Kunden und Klienten", „Gruppennormen", „Subkulturen", „Streber", „Klassenkasper" und „Rollenkonflikte". Calvert geht es darum, die Schüler*innenrolle mit all ihren einschränkenden und konflikthaften Seiten zu beschreiben. Am Ende des Buches wirbt sie für einen Wandel der Schüler*innenrolle im Sinne einer „Befreiung des Kindes" (ebd., S. 131).

▶ **Der Blick auf Schule und Schüler*innen im Wandel** Diese Publikation von Calvert aus den 1970er Jahren ist durchaus typisch für ihre Zeit. Autor*innen schreiben zunehmend aus einer sozialwissenschaftlichen Perspektive über Schule, Unterricht und Schüler*innen. Sie sagen nicht mehr, was getan werden soll, sondern verpflichten sich dem realen Schulalltag und der Analyse seiner Phänomene. Meist wird aus einer schulkritischen, emanzipatorischen Haltung geschrieben. Es wird Partei ergriffen für Kinder und Jugendliche, die oftmals als *Erleidende* oder als *Opfer* schulischer (vgl. Böhm 1977) bzw. schulischgesellschaftlicher Verhältnisse (vgl. Huch 1972; Wünsche 1993; Klink 1974; Wimmer 1976) dargestellt werden. Diese Perspektive mündet in eine weit verbreitete Forderung, die Schule schüler*innenorientierter zu gestalten und neben den bis dahin gängigen Anforderungen an

2.2 Die Schüler*innenrolle

Schüler*innen (still sein, zuhören, lesen, schreiben) auch das selbständige Arbeiten, Kooperation, Mitbestimmung und Kritikfähigkeit durch Pädagogik und Didaktik zu fördern.

Ebenfalls in den 1970er Jahren macht Franz Wellendorf (1977) in seinem Beitrag *Schule und Identität: Thesen zur schulischen Sozialisation* auf einen interessanten Aspekt aufmerksam: Es geht um die Möglichkeit und Fähigkeit, sich von vorgegebenen Rollen zu distanzieren. In der Schule können sich Schüler*innen (aber auch Lehrkräfte) durch die Art und Weise *wie* sie sich geben und zeigen (Selbstinszenierung) von den geltenden Regeln, Prinzipien und Normen abrücken. So können sie die schulischen Regeln befolgen, aber gleichzeitig zum Ausdruck bringen, dass sie sich selbst, in ihrer persönlichen Identität, nicht vollständig als durch die Situation definiert betrachten. Diese Rollendistanz wird bespielhaft an einer Prüfungssituation gezeigt, wenn sich der Lehrer, Zeitung lesend, in die Klausuraufsicht setzt und damit anzeigt, dass er nicht vollumfänglich seiner Rolle als Prüfer nachkommt. Oder wenn ein Schüler seinen schlecht ausgefallenen Deutschtest mit seinen Hip Hop-Tags vollständig zukleistert, dann zeigt er damit an, dass er dem schulischen Leistungsprinzip distanziert gegenübersteht (oder zumindest von seinen Mitschüler*innen und von den anderen Mitgliedern des Schulensembles so wahrgenommen werden möchte).

Die Rollentheorie begleitet eine zunehmend lauter werdende Kritik, die die Soziologin und Philosophin Frigga Haug (1972) mit ihrem Buch „Kritik der Rollentheorie" pointiert formuliert. Das Buch war derzeit ein Bestseller und kann heute zu den modernen Klassikern der Soziologie gezählt werden. Im Anschluss an die Positionen des Philosophen und Soziologen Jürgen Habermas bemängelt Haug, dass die Rollentheorie die historisch gewachsenen Bedingungen der Gesellschaft nicht berücksichtigt. Was ist damit gemeint? Es wird kritisiert, dass der Rollenbegriff die gesellschaftlichen und ökonomischen Verhältnisse fälschlicherweise als unveränderbar erscheinen lässt und damit die Fähigkeit von Menschen, sich auch anders als eben rollenförmig zu verhalten, vernachlässigt. Tatsächlich verschwindet in den Folgejahren die Rollentheorie aus dem Mainstream der deutschen Soziologie und des erziehungswissenschaftlichen Diskurses. Fortan wird der Fokus auf die Sozialisationsbedingungen von Schüler*innen gelegt. Das Erstarken der Sozialisationsforschung zeichnet sich bereits Ende der 1970er Jahre ab. Sie ist nun die zentrale wissenschaftliche Zugangsweise, wenn über Schüler*innen geforscht wird. Die Schule wird nun stärker als Sozialisationsinstanz (vgl. Kap. 5) und Lebenswelt von Heranwachsenden begriffen.

2.3 Schüler*innen als Akteur*innen in ihrer Lebenswelt

Die Schule als Lebenswelt und Sozialisationsinstanz zu verstehen hat Forscher*innen dazu gebracht Schüler*innen in der Schule über längere Zeiträume zu beobachten und zu befragen. Mit den sogenannten *Schülerethnografien* gerät das Aufwachsen von Kindern und Jugendlichen in der Schule in den Blick. Es geht weniger um die Frage, wie sie sich konkret im Unterricht verhalten oder wie sie lernen, sondern darum, was ihnen wichtig ist, wie sie an Schule teilnehmen, was sie über Schule denken und wie sie sich in der Schule zeigen.

▶ **Lebensweltbezug**
Das vom Philosophen Edmund Husserl (2012) im Jahr 1956 eingeführte Konzept der Phänomenologie der Lebenswelt hat auch in die Soziologie und Erziehungswissenschaft Eingang gefunden. Die Lebensweltorientierung revolutioniert vor allem die sozialpädagogische Kinder- und Jugendarbeit ab den späten 1970er Jahren (vgl. Thiersch 2015). Im schulpädagogischen Kontext wird unter der Chiffre des Lebensweltbezugs versucht, die Schule näher an das vermeintlich *wirkliche Leben* rückzubinden. Damit wird an eine lange Tradition der Schulkritik angeschlossen, die bis zum römischen Philosophen Lucius Annaeus Seneca (2015) im Jahr 64 n. Chr. zurückreicht, nämlich dass man (in der Schule) für die Schule, aber nicht für das wirkliche Leben lerne.

Der Lebensweltbezug ist heute eine allgegenwärtige didaktische Maxime. Mit ihr wird ein didaktisches Handeln eingefordert, das bestrebt ist, die ‚künstlichen' Unterrichtsgegenstände mit der Lebenswelt der Schüler*innen zu vermitteln. Unter Lebenswelt wird dabei all das verstanden, was sich außerhalb der Schule, beispielsweise in Familie und Freizeit, ereignet. Während einige Erfahrungsräume wie z. B. der Schulbesuch selbst oder auch naturwissenschaftliche Phänomene (z. B. Regen, Strom) von Schüler*innen geteilt werden, stellt sich bei näherer Betrachtung heraus, dass die Lebenswelten von Schüler*innen deutlich differieren können. Unterschiede bestehen insbesondere zwischen privilegierten und nicht privilegierten Schüler*innen. Letztere gehen zum Beispiel keinen teuren Hobbys nach oder fliegen in den Urlaub. Oft besuchen sie auch unterschiedliche Schulen. Für Lehrkräfte stellen die Versuche einen Lebensweltbezug herzustellen daher eine beständige Herausforderung dar. Erstens

2.3 Schüler*innen als Akteur*innen in ihrer Lebenswelt

weil Schüler*innen in partiell geteilten Lebenswelten leben und zweitens, weil mit dem Einbezug ungewollte Nebenwirkungen verbunden sein können, wie Laura Fuhrmann (2020) in ihrer Studie *Pizza und Liebe im Unterricht* veranschaulicht.

Der britische Kultursoziologe und Anthropologe Paul Willis (2013) hat 1977 mit seiner international breit rezipierten Studie *Learning to Labour – Spaß am Widerstand* Arbeiterjugendliche in den 1970er Jahren in der Schule und in ihrer Freizeit beobachtet. Ihm ist dabei aufgefallen, dass die *lads* aufgrund ihrer Herkunft aus dem Arbeitermilieu anders an Schule und Unterricht teilnehmen als Jugendliche aus der Mittelschicht. Sie versuchen mit oppositionellem Verhalten gegenüber pädagogischen Autoritäten, die Anforderungen der Unterrichtssituation auf Distanz zu halten.

> **Beispiel**
>
> Wenn die *lads* das Klassenzimmer oder einen Versammlungsraum betreten, wird sich verschwörerisch zugenickt, was so viel heißt wie „Los, wir setzen uns zusammen und machen Quatsch"; es gibt abschätzige Seitenblicke zum Lehrer und hämisches Grinsen. Eine beständige quirlige Unruhe, durch einen direkten Befehl oder einen Blick für einen Moment zum Erstarren gebracht, setzt immer gleich wieder ein. Mit einem „Geht ganz schnell, Sir" – Blick wechseln Jungs den Standort, um in die Nähe ihrer Kumpels zu gelangen. Abermals zur Ordnung gerufen, haben sie stets eine Entschuldigung parat wie „Ich muss bloß eben meine Jacke ausziehen, Sir" oder „Der Soundso hat gesagt, ich soll zu ihm kommen, Sir". Hat die Veranstaltung begonnen, dann kriecht der von seinen Kumpels getrennte Jugendliche hinter den Stuhlreihen oder hinter einem Vorhang den Saal entlang nach vorn, rempelt dabei andere Jugendliche an oder versucht im Vorbeigehen, jemanden den Stuhl unter dem Hintern wegzustoßen. [Absatz] Die *lads* sind Meister eines im Zaum gehaltenen Unmuts, der immer ganz knapp vor der offenen Konfrontation halt macht (Willis 2013, S. 34, Hervorhebung im Original).◄

Die große Bedeutung von Willis' Ethnografie liegt nicht nur darin, unterschiedliche Varianten der Unterrichtsgestaltung aufzuzeigen, sondern diese mit Blick auf die soziale Klassenlage zu erklären. Denn das Verhalten der Arbeiterjugendlichen kann durchaus als rational angesehen werden – in der Logik ihrer Lebenswelt. Schließlich ist den Arbeiterjugendlichen durchaus bewusst, dass sie in der englischen Klassengesellschaft nur geringe Chancen zum sozialen Aufstieg haben.

Somit scheint es in dieser Perspektive vernünftig, die wenige Zeit, die sie vor der harten und geistig nicht herausfordernden Fabrikarbeit in der Schule haben, mit möglichst viel Spaß zu verbringen.

Im Jahr 1978 hat auch der deutsche Kindheits- und Jugendforscher Jürgen Zinnecker (2001) eine bahnbrechende Studie mit dem Titel *Die Schule als Hinterbühne oder Nachrichten aus dem Unterleben der Schüler* publiziert. Im Anschluss an den amerikanischen Soziologen Erving Goffmann (1973) beschreibt Zinnecker Schule als einen Ort, der durch Vorderbühnen und Hinterbühnen gekennzeichnet ist.

Vorder- und Hinterbühnen

„Alle Handlungssituationen, in denen die Beteiligten [Lehrkräfte, Schüler*innen, d. A.] die offiziellen Zwecke und Regeln [der Schule, d. A.] in den Vordergrund ihres Handelns rücken, fassen wir als die »Vorderbühne« zusammen. Alle Handlungssituationen, in denen das Unterleben der Institution vorrangig thematisiert wird, rechnen wir zur »Hinterbühne«" (Zinnecker 2001, S. 255). Für Zinnecker treffen sich Schüler*innen wie Lehrkräfte auf der Vorderbühne des Unterrichts. Die Lehrkräfte fungieren (durchaus im Anschluss an Perspektiven der Rollentheorie) als Wächter der schulischen Ordnung, was heißt, dass sie die Geschehnisse im Unterricht im Sinne der Institution zu steuern suchen. Die Hinterbühne ist hingegen von der Abwesenheit der jeweils anderen Partei bestimmt. So betreten i.a.R. Schüler*innen nicht das Lehrer*innenzimmer und die Schüler*innentoilette ist für Lehrkräfte tabu. Auf diesen Hinterbühnen können Lehrkräfte wie Schüler*innen auch jenseits der offiziellen Schulregeln miteinander kommunizieren. Aber auch im Unterricht gibt es Hinterbühnen. Schüler*innen können am Unterricht teilnehmen und sich – mehr oder weniger gut oder unbemerkt – mit nicht unterrichtsbezogenen Dingen auseinandersetzen, beispielsweise ein Überraschungsei zusammenbauen oder sich mit einer Sitznachbarin über das Wochenende unterhalten. Die Unterrichtssituation ist ein Ort zahlreicher Vorder-, Neben- und Hinterbühnen (vgl. Meier-Sternberg 2023).

Der Beitrag von Zinnecker ist für die Schüler*innenforschung von enormer Bedeutung. Zum einen zeigt sich die Schule als komplexer Ort, denn hier findet mehr statt als ‚nur' Unterricht. Zum anderen zeigt sich das Hinterbühnengeschehen als wichtig für alle an Schule Beteiligten (Schüler*innen und Lehrer*innen). Denn die Hinterbühnen helfen beim ‚emotionalen Überleben' in der Institution, weil sie Räume für die Darstellung und Aufrechterhaltung der persönlichen Identität bieten. Im Anschluss an diese Forschung wurde versucht, die Hinterbühnen genauer zu erkunden. Der Kulturwissenschaftler Thomas Heinze interessiert sich im Anschluss an die Studie *Unterricht als soziale Situation* (1978) auf „Schülertaktiken" und „Überlebensstrategien" (1980) mit denen es Schüler*innen gelingt, in der „Zwangssituation Unterricht" eine (Teil-)Autonomie für sich zu wahren. Dies gelingt beispielsweise, indem sie Schutzwälle um sich herum aufbauen und

2.3 Schüler*innen als Akteur*innen in ihrer Lebenswelt

dahinter etwas nicht Unterrichtsbezogenes machen oder trotz geistiger Absenz Unterrichtsengagement vortäuschen. Drei Schüler aus einer 7. Realschulklasse erklären das so:

Beispiel

Jürgen: »Das kann man dann auch anders machen. Ich hab' da eine ganz bestimmte Technik. Wenn wir z. B. Englisch haben, dann nehm' ich das Englischbuch und tu' dann einen Roman darin lesen. Das mach' ich so, als tu' ich alles lesen, dabei lese ich den Roman. « […].

Stefan: »Ich schwätz' mit dem Bernhard oder spiel' Karten! « […] »Also wenn Herr B was liest und da paßt fast niemand auf, drei bis vier, die machen im Unterricht mit und die anderen machen Quatsch.« […].

Michael: »Genauso ist es auch bei mir. Ich sitze hinter einem großen Mädchen und da kann mich der Herr B meist nicht sehen, und wenn die sich so setzt, dann setze ich mich auch so und mache Hausaufgaben. Da kann ich alles machen hinter dem Rücken. Ich kann mich unterhalten mit dem Berthold, ich kann Hausaufgaben machen oder ich kann essen.« (Heinze 1978, S. 134). ◄

Diese und viele weitere Studien machen deutlich, dass Schüler*innen dem Unterricht nicht als willfährige Objekte des Unterrichts und der Lehrkraft misszuverstehen sind, sondern dass Schüler*innen aktive Subjekte einer Unterrichtssituation sind und diese als Akteur*innen wesentlich mitgestalten – sei es unterrichtsbezogen auf der Vorderbühne des Unterrichts oder weniger unterrichtsbezogen auf ihren Neben- und Hinterbühnen. Im Verlauf der 1980er Jahre werden Schüler*innen zunehmend in einer sozialkonstruktivistischen Perspektive als Akteur*innen und Ko-Konstrukteur*innen von Unterricht wahrgenommen. Es rücken nun auch ihre Beziehungen zueinander in das Blickfeld von Forscher*innen. Lothar Krappmann und Hans Oswald (1995) zeigen wie Grundschüler*innen Cliquen und Freundschaften aufbauen oder sich gegenseitig (nicht) helfen. Georg Breidensteins und Helga Kelles (1998) Studie *Geschlechteralltag in der Schulklasse* beschreibt, wie Kinder als Akteur*innen an Geschlechterkonstruktionen und Freundschaftsbeziehungen im Unterricht beteiligt sind. Am Beispiel von Klassenratssitzungen arbeitet Heike de Boer (2006, 2009) heraus, dass Schüler*innen ihre Belange nicht nur auf den Hinterbühnen verhandeln (Peerkultur im Unterricht, s. u.), sondern dass das Hinterbühnengeschehen auch zur schulischen Vorderbühne werden kann.

Sozialkonstruktivistische Einflüsse auf die Forschung zu Schüler*innen

Der Kerngedanke sozialkonstruktivistischer Forschung liegt darin zu fragen, wie soziale Wirklichkeit ‚entsteht'. Angeschlossen wird damit an die Arbeiten von Berger und Luckmann (1966) und ihr Buch *The Social Construction of Reality*. Wissen und Interaktion spielen in dieser Theorie eine besondere Bedeutung. Demnach wird soziale Realität interaktiv, d. h. gemeinsam mit anderen in Aushandlungs- und Austauschprozessen konstruiert, indem Phänomene der sozialen Welt interpretiert und gedeutet werden. Die soziale Wirklichkeit wird also nicht als per se gegeben begriffen, sondern sie wird als Produkt von sozialen und individuellen Konstruktionsleistungen angesehen. In dieser Perspektive erscheinen auch Schule, Unterricht oder Leistung als Konstruktionen. Die Forschung ist dann darauf ausgerichtet, die Konstruktionsleistungen zu untersuchen (vgl. Bräu und Schlickum 2015).

Ebenfalls interessante Einblicke in die Lebenswelt von Grundschüler*innen bieten Studien, die mit qualitativen Interviews arbeiten. Für die Wahrnehmung und das Erleben von Grundschüler*innen, die einen familiären Migrationshintergrund haben, interessiert sich z. B. Irene Leser (2017). Sie befragt Kinder aus der 1. bis 3. Klasse zu ihrer Sicht auf die Schule. Die Schüler*innen nehmen die Grundschule sowohl als Ort des Lernens als auch des Spielens wahr. Einen einheitlichen, prototypischen Blick auf die Grundschule gibt es jedoch nicht, denn die Einschätzung von Schule ist immer mit den ganz konkreten lebensweltlichen (außerschulischen und schulischen) Erfahrung verknüpft, die die Kinder machen. Auch Rahel Jünger (2008, 2010) hat jüngere Schüler*innen an Schweizer Primarschulen mit der Methode der Gruppendiskussionen befragt und erforscht wie Schüler*innen die Schule wahrnehmen. Dabei sind deutliche Unterschiede zwischen Schüler*innen aus privilegierten und nicht-privilegierten Lebensverhältnissen zu Tage getreten (vgl. Kap. 4). Nicht-privilegierte Kinder neigen zu einem Bildungsverständnis, das davon geprägt ist, sich den schulischen Regeln und der Notwendigkeiten des Schulbesuchs zu ‚unterwerfen'. Kinder aus privilegierten Lebensverhältnissen verfügen im Verhältnis dazu über eine größere Kenntnis schulischer Regeln (Also: Was muss ich tun, um erfolgreich zu sein?) und ihr Umgang mit Schule ist tendenziell von Zweckfreiheit geprägt.

Auch Maschke und Stecher (2010) stellen ihre Studien zum schulischen Erleben von Schüler*innen in die Traditionslinie der lebensweltbezogenen Schulforschung von Zinnecker (2001). Die beiden Autor*innen haben Schüler*innen von der 4. bis zur 12. Klasse mittels standardisierter Fragebögen gefragt, was sie über Schule denken und was ihnen am Schulleben gefällt bzw. nicht gefällt (siehe Tab. 2.1 und 2.2). Sie haben dazu auch auf Daten aus den Shell Jugendstudien der 1950er, 1960er und 1980er zurückgegriffen. Diese Studien wie auch die World Vision Kinderstudien (vgl. z. B. Hurrelmann et al. 2007; Andresen

2.3 Schüler*innen als Akteur*innen in ihrer Lebenswelt

Tab. 2.1 „Was gefällt Schülern am Schulleben – nach Jahrgangstufen" (Maschke und Stecher 2010, S. 31)

Was gefällt Schüler*innen am Schulleben – nach Jahrgangstufen

	Jahrgangsstufen – Angaben in %				
	4	5/6	7/8	9/10	11/12
Wenn ich gute Noten kriege	53	46	48	46	39
Freunde in der Schule	50	59	68	70	61
Ich kann etwas lernen	39	25	19	20	22
Bestimmte Fächer im Unterricht	38	46	38	37	35
Interessanter Unterricht	23	21	15	13	18
Wenn Lehrer mich loben	21	17	9	8	5
Pausen/Pausenleben	20	23	28	29	22
Gutes Verhältnis zu den Lehrern	20	17	10	9	12
Gute Klassengemeinschaft	16	24	27	31	43
Ich kann viel Unsinn machen	8	10	15	11	9
Ich treffe viele Leute	3	6	13	18	23
Mir gefällt gar nichts	4	2	3	2	2

NRW-Kids, $N = 6392$, Mehrfachnennungen möglich. Prozentuierung bezieht sich auf die Anzahl der Personen

2018) bieten bis heute regelmäßig wichtige Zugänge zur Lebenswelt von Kindern und Jugendlichen. Dort werden Ansichten, Stimmungen sowie Erwartungen von Kindern und Jugendlichen in Deutschland beschrieben.

Nur einige wenige dieser Befunde möchten wir kommentieren. Die Tabelle zeigt eindrücklich, dass nur wenige Schüler*innen gar keinen Gefallen an der Schule finden oder es vor allem schätzen, in der Schule Unsinn zu machen und Schulregeln zu brechen. Dies gilt über alle Jahrgangsstufen hinweg. Besonders hohe Werte der Zustimmung erhält die Aussage Freunde in der Schule zu treffen. Dieser Wert steigt deutlich bis zu einem Alter von ca. 16 Jahren in der 10. Klasse. Die Bedeutung von Noten, von interessantem Unterricht und der Möglichkeit, etwas zu lernen nimmt hingegen mit zunehmendem Alter bis einschließlich Klassenstufe 11/12 ab.

Hier ist zu sehen, dass die Menge an Hausaufgaben, als ungerecht empfundene Lehrkräfte sowie – über die Sekundarstufenzeit zunehmend – langweiliger Unterricht und Leistungsdruck als Probleme markiert werden. In dieser Tabelle scheinen Dimensionen auf, die man mit dem „Schülerjob" (Breidenstein 2006)

Tab. 2.2 „Was gefällt Schülern nicht am Schulleben – nach Jahrgangstufen" (Maschke und Stecher 2010, S. 31)

Was gefällt Schüler*innen nicht am Schulleben – nach Jahrgangstufen					
	Jahrgangsstufen – Angaben in %				
	4	5/6	7/8	9/10	11/12
Zu viele Hausaufgaben	60	61	57	47	28
Ungerechter Lehrer/Lehrerinnen	33	50	56	57	55
Bestimmte Fächer im Unterricht	30	31	39	36	35
Schlechte Noten/Sitzenbleiben	30	31	30	32	29
Langweiliger Unterricht	19	30	34	45	56
Zu viel lernen/zu viel Unterricht	19	15	16	11	12
Viele Tests und Übungsarbeiten/Leistungsduck	14	16	21	25	34
Zu viele Strafen/Strafarbeiten	13	15	11	7	3
Schlechtes Verhältnis zu den Lehrern	11	12	10	15	17
Der Unterricht wird oft gestört/viele Stunden fallen aus	11	8	4	4	4
Wenn ich benachteiligt werden	7	7	6	7	8
Schulgebäude Raume sind alt/ungemütlich	2	5	7	9	11
Mir gefällt alles	27	6	2	1	1

NRW-Kids, $N = 6392$, Mehrfachnennungen möglich. Prozentuierung bezieht sich auf die Anzahl der Personen

(vgl. Abschn. 2.4) in Verbindung bringen kann. Nicht das schulische Lernen an sich lehnen die Schüler*innen ab, sondern wie die Institution Schule diese herzustellen sucht, nämlich über Hausaufgaben, langweiligen Unterricht und Tests.

Insgesamt entsteht durch diese Befragung der Eindruck, dass die Schüler*innen nicht viel an der Schule auszusetzen haben – die Werte in der unteren Hälfte der Tabelle zeugen davon. Allein ein Wert macht stutzig. Während in der 4. Klasse noch ein Drittel angibt, alles an der Schule zu mögen, sinkt dieser Wert rapide auf 6 % in den Jahrgangsstufen 5/6, um am Ende der Schulzeit bei einem Prozent zu stagnieren. Man sieht also, dass die Bedeutung von Schule sich im Laufe eines Schüler*innenlebens verändert. Forschungen zur Schüler*innenbiografie (vgl. Abschn. 2.5) gehen diesen Veränderungen nach.

2.4 Die Schüler*innenpraktiken

Der Begriff der Schüler*innenpraktiken schließt zum einen an Forschungen an, die Schüler*innen als Akteur*innen und Gestalter*innen ihrer Lebenswelt verstehen und lenkt zum anderen den Blick zurück auf das, was sich im Unterricht ereignet. Schüler*innenpraktiken werden in ethnografischen Studien erforscht, die sich seit dem *practical turn* in den Sozialwissenschaften häufig an praxistheoretischen Überlegungen orientieren.

Praxistheorien
Unter dem Begriff Praxistheorien versammeln sich verschiedene Kultur- und Sozialtheorien, die ein ähnliches Verständnis von sozialer Praxis eint. Die Soziologen Karl. H. Hörning und Julia Reuter (2006, S. 113) verstehen unter sozialen Praktiken „jene tagtäglichen Interaktionen, die eine bestimmte vertraute Handlungsnormalität im Alltag begründen. Soziale Praktiken umfassen reguläre, geordnete und sich wiederholende Handlungsweisen, mit denen die Gesellschaftsmitglieder ihre Alltagswirklichkeit organisieren und Sinn erzeugen." Der Soziologe Andreas Reckwitz (2003) hat die Materialität und die Implizitheit des Wissens sozialer Praxis als Grundelemente einer Theorie sozialer Praktiken beschrieben. Dies bedeutet, dass soziale Praktiken auf Körper und Artefakte und damit auf zwei materiale Träger angewiesen sind. So benötigt zum Beispiel die Praktik des Radfahrens den Körper und das Artefakt Fahrrad. Die Praktiken selbst werden als wissensbasiert verstanden. Das Wissen einer Praktik ist praktisch bzw. implizit. Es handelt sich um Aktivitäten, in denen „ein Können im Sinne eines ‚know how' und eines praktischen Verstehens zum Einsatz" (ebd., S. 292) kommen. So kann die Praktik Radfahren leicht gezeigt, aber nur schwer erklärt werden. Aufgrund der Implizitheit des Wissens ist es sinnvoll Praktiken mit der Methode der teilnehmenden Beobachtung zu untersuchen.

Ab Mitte der 2000er Jahren taucht die *Theorie sozialer Praxis* (Reckwitz 2003) auch in der Schüler*innenforschung auf. Jetzt geraten routinierte, in den Körpern eingeschriebene Verhaltensweisen von Schüler*innen in den Blick. Die Studie *Teilnahme am Unterricht. Ethnographische Studien zum Schülerjob* des

Erziehungswissenschaftlers Georg Breidenstein (2006) geht auf mehrjährige Beobachtungen und Analysen von Schüler*innen der Sekundarstufe I zurück und nimmt eine solche Perspektive ein. Es wird gezeigt, was Schüler*innen tun, wenn sie am Unterricht teilnehmen und welche Anforderungen sie dabei bewältigen. Es sind nicht wenige: sie hören zu, sie schreiben, sie lesen, sie erledigen Aufgaben, sie arbeiten mit Partner*innen oder in Gruppen, sie füllen Arbeitsblätter aus, unterhalten sich mit ihren Tischnachbar*innen, sind (un)aufmerksam, schreiben Zettel, hören Musik, laufen umher oder langweilen sich, etc.

Schüler*innen werden auch hier nicht als Objekte von Unterricht oder als schlichte Rezipient*innen einer durchstrukturierten Lernumgebung wahrgenommen, sondern als Akteur*innen, die ihre soziale und schulische Umwelt täglich gestalten. Der Jobcharakter des *Schülerjobs* zeigt sich für Breidenstein (2006) in der steten Produktorientierung. Damit ist gemeint, dass die Schüler*innentätigkeiten in Einzel-, Partner- oder Gruppenarbeiten, also sozialformübergreifend, auf die möglichst effektive und rationale Erstellung eines anzufertigenden Produkts wie beispielsweise Arbeitsblätter, Präsentationen, Tests und Klausuren ausgerichtet sind. Der Produktionsprozess selbst wird von ihm als „banaler, alltäglicher [Prozess] und eher Bestandteil von Routine" (ebd., S. 214) bezeichnet. Eine Quintessenz der Studien zum Schülerjob lautet, dass die Routinen schulischer Produktion sich im Sinne einer handwerklichen Bearbeitung von Aufgaben verselbständigt haben und die inhaltliche Dimension keine Rolle mehr spielt. Es sind „Routinen, die sich ihres ‚Zweckes' vollständig entledigt haben" (ebd., S. 221). Mit anderen Worten: den Schüler*innen dürfte es relativ egal sein, womit sie sich beschäftigen sollen – sie tun es einfach. Im Gegenzug bietet der Unterricht dafür aber etwas anderes:

> „Ein zentrales Merkmal der praktischen Handhabung des ‚Unterrichts' besteht darin, dass dessen Unterhaltungswert gesichert sein muss. Der Job, dem man Tag für Tag nachgeht, muss zumindest ein wenig kurzweilig sein. [...] Es geht darum, den ‚Unterricht' so zu betreiben, dass gleichzeitig die Unterhaltsamkeit der Unterrichtssituation gewährleistet werden kann. [...] In der Praktizierung eines solchen Umgangs mit dem Unterricht zeigen die Schülerinnen und Schüler [...] oft ein erstaunliches Maß an Kunstfertigkeit und Raffinesse" (ebd., S. 260 f.).

Für die Ausübung des Schülerjobs ist es also enorm wichtig, den Unterricht unterhaltsam zu gestalten, ohne ihn dabei zu (zer)stören. Mit diesen Befunden ist die Studie eine der ersten, die Unterricht nicht von pädagogischen und didaktischen Absichten aus, von Normvorstellungen oder ‚Bildungsidealen' untersucht, sondern den Unterrichtsalltag aus der Perspektive von Schüler*innen beschreibt. Hierzu eine Beobachtung zweier Mädchen Nele und Beatrice, die nebeneinandersitzen und während einer Einzelarbeit ihre Arbeitsblätter ausfüllen:

Beispiel

Es geht um das Klima in Indien, Regenzeit, Trockenzeit etc. Nele wird auf das Bild eines Fahrradfahrers im strömenden Regen im Buch aufmerksam: „So kam ich mir gestern vor! Meine Hose sah aus!" Sie erzählt ihrer Nachbarin, wie sie gestern in den Regen geraten war. Wie die Tabelle auf dem Arbeitsblatt auszufüllen ist, ist den beiden aber nicht klar. Nele meldet sich und die Lehrerin kommt zu ihnen und erklärt es.

Wenig später Beatrice: „Meine Cousine kommt morgen." – „Ja? Wow." – „Weißte, was das Schlimmste ist?" – „Ja?" – „Die bringt ihr'n Hund mit." – „Cool." – „Das ist nicht cool." – „Wieso?" – „Was denkste was Lisa dann macht? Die zerfleischt den Hund." (leises lachen) – „Ne Katze zerfleischt 'n Hund?" (ungläubig) – „Na! (…) Lisa könnte das, denk ich mal. Oder?" – Nele: „Heute hat Lili mich angegriffen und zweimal in den Finger gebissen." […] (Breidenstein 2006, S. 187 f.).◄

Im Beispiel verknüpft sich die Einzelarbeit mit kurzen Gesprächen über private Inhalte. Die Schüler*innen gestalten hier routiniert ihren Unterricht mit ihren Praktiken. Wie stark die Routinen das Geschehen steuern, zeigt die Erziehungswissenschaftlerin Christina Huf (2006) in einer ebenfalls ethnografischen Studie zur Wochenplanarbeit im Anfangsunterricht der Grundschule. Sie beobachtet wie sich Schüler*innen selbst dann an einer strikten Abarbeitung der Vorgaben des Wochenplans orientieren, wenn die Lehrerin ihnen größere Freiräume einräumt. Die „Logik der Planerfüllung" (Huf und Breidenstein 2009) dominiert das Arbeiten der Schüler*innen und stellt damit einen nicht intendierten Nebeneffekt dar. Das möglichst zügige Erledigen der Aufgaben wird zu einer Maxime, den tendenziell schwierigen oder komplizierten Aufgaben wird ausgewichen.

2.5 Die Schüler*innenbiografie

Die Biografieforschung (vgl. Sackmann 2013) interessiert sich für Lebensgeschichten. Obwohl Schüler*innen in der Regel jung sind und ihr Lebenslauf entsprechend kurz ist, gibt es viele schüler*innenbiografische Arbeiten. Zum einen handelt es sich um Studien, in denen erwachsene Personen, u. a. auch Lehrer*innen (vgl. Wiezorek und Fabel-Lamla 2006), rückblickend auf ihre

Schulzeit schauen (z. B. auf Waldorfschulen, vgl. Idel 2007). Zum anderen werden jugendliche Schüler*innen zu ihren bisherigen Schulerfahrungen befragt. Forschungsmethodisch wird hier insbesondere mit narrativen Interviews gearbeitet (vgl. Schütze 1984). Ein narrativer Stimulus und aktives sowie geduldiges Zuhören soll die Befragten zu ausführlichen Erzählungen anregen. Das transkribierte, d. h. verschriftlichte Interview stellt dann die Grundlage für die Analyse der Biografie dar.

▶ **Schüler*innenbiografie** Unter Biografie oder Lebensgeschichte kann das „sinnhafte Handeln eines Subjektes in einer durch einen Lebensprozess vorgegebenen Zeitstruktur" (Sackmann 2013, S. 53) verstanden werden. Das Konzept Schüler*innenbiografie fokussiert das „individuelle Erleben, Deuten und Verarbeiten der Schulzeit durch den Schüler und die damit verbundenen Leistungs- und Verhaltensanforderungen, Selektionserfahrungen, zwischenmenschlichen Beziehungen und Wissensinhalte" (Zimmermann 2015, S. 11). Die Schüler*innenbiografie kann als ein bedeutender Teil der Lebensgeschichte verstanden werden, in dem sich die Schüler*in als Individuum in Auseinandersetzung mit der Institution Schule entwickelt. Die Schüler*innenbiografieforschung rückt neben der individuellen Lebensgeschichte immer einen oder auch mehrere besondere Aspekte in den Mittelpunkt, wie z. B. Identität, Schulformen, soziale Ungleichheit, Bildungsaufstieg, Bildungsabstieg, Migration, Geschlecht oder auch das Verhältnis von Jugend und Schule (vgl. Schneider und Helsper 2022).

Eine der ersten Studien zu Schüler*innenbiografien hat der Bildungs- und Biografieforscher Dieter Nittel (1992) unter dem Titel *Gymnasiale Schullaufbahn und Identitätsentwicklung: Eine biographieanalytische Studie* publiziert. Darin rekonstruiert er Schullaufbahnen als Verlaufskurven. Unter Verlaufskurven werden im Anschluss an den Soziologen und Biografieforscher Fritz Schütze „Prozesse des Erleidens" (2006, S. 212 f.) gefasst. Nittel (2017, S. 297) findet Schulversagens- und Anpassungsverlaufskurven, in denen sich der „Freiheitsspielraum für eigenverantwortliches und autonomes Handeln" immer mehr verengt und die Identitätsentwicklung dadurch Schaden nehmen kann.

Schulversagensverlaufskurven zeichnen sich durch fünf Phasen aus: Aufschichtung der Verlaufskurve, Manifestwerdung, Transformation, Höhepunkt und Veralltäglichung des Schulversagens. Schulversagensverlaufskurven können in jeder Phase gestoppt oder sogar rückgängig gemacht werden, was allerdings hohe biografische Energie für die betroffenen Personen bedeutet. Ein kleines Beispiel

2.5 Die Schüler*innenbiografie

zeigt, wie Nittel über die Biografie von Angelika Müller und ihre Verlaufskurve berichtet und dabei ihre Aussagen aus dem langen biografischen Interview komprimiert:

> „Der Übertritt zur Schule erfolgt ohne nennenswerte Komplikationen; solange Angelika Müllers Perzeption darauf konzentriert gewesen ist, die Ereignisse in der Schule als Verlängerung der spielerischen Aktivität im Kindergarten zu identifizieren, liegt für sie kein Grund vor, an dem Realitätsgehalt der von der Erwachsenwelt vermittelten Grundhaltung ‚Schule ist schön' zu zweifeln. Als die erste Zeugnisausgabe stattfindet, schlägt diese Grundhaltung in ihr genaues Gegenteil um. Die erste Zeugnisausgabe ist nahezu identisch mit dem Beginn der Verlaufskurve [Aufschichtung der Verlaufskurve, d. A.]" (Nittel 2017, S. 119).

Bis heute geht es in der Schüler*innenbiografieforschung um sogenannte Schulkarrieren, d. h. die biografische Bedeutung von schulischem Erfolg und Versagen und die Bedeutung von Schule für Ausgrenzungs- und Bildungsprozesse. Studien berichten immer wieder über Biografien, in denen sich ein spannungsreiches, ambivalentes Verhältnis zwischen Jugendlichen, Herkunftsmilieus und Schule abzeichnet (zum Überblick vgl. Schneider und Helsper 2022). Das Interesse vieler schüler*innenbiografischer Arbeiten für soziale Ungleichheitsstrukturen ist nicht verwunderlich, denn Bildungsentscheidungen sind zentrale Weichenstellungen im Lebenslauf und in der Bildungsbiografie (vgl. Miethe 2014). Viele Studien beschäftigen sich mit Schüler*innen, die eine Hauptschule besuchen und zeigen, welche biografischen Risiken und Chancen sich aus dem Hauptschulbesuch entwickeln können. Aus der Perspektive der Jugendlichen ist sie nämlich beides: sowohl eine biografische Stabilisierung als auch eine stigmatisierende Erfahrung (vgl. Wellgraf 2012; Schneider 2013).

Den Zusammenhang von Bildungserfolg und Migration hat die Erziehungswissenschaftlerin Merle Hummrich (2009) am Beispiel von Bildungsbiografien junger Studentinnen untersucht. Sie leuchtet die Bedingungen von Bildungserfolg insbesondere mit Blick auf familiale Generationsbeziehungen aus. Diese Biografien vermitteln häufig den Eindruck, dass sich Schülerinnen ihren Bildungserfolg „nicht mit Hilfe der Schule, sondern trotz der Schule" (Hurrelmann et al. 1986, zit. nach ebd., S. 212) erarbeitet haben. Männliche Bildungsaufsteiger, deren Familien aus der Türkei eingewandert sind, befragte Javier Carnicier (2012). Er untersucht Schüler als Angehörige einer sozialen Gruppe, deren Aussicht auf Erfolg in deutschen Schulen in ganz besonderem Maße eingeschränkt ist. Diese Studien ermöglichen Einblicke in Migrations- und Bildungserfahrungen von Schüler*innen, die Praktiken der institutionellen Diskriminierung ausgesetzt sind (vgl. Gomolla und Radtke 2009).

2.6 Der Schüler*innenhabitus

Der deutsch-britische Soziologe Norbert Elias (1992) und der französische Soziologe Pierre Bourdieu (1987) haben den soziologischen Fachbegriff Habitus geprägt, der dem Kanon von Praxistheorien zugeordnet wird. Ebenso wie in der Theorie sozialer Praktiken (vgl. Abschn. 2.4) spielt Wissen hier eine besondere Rolle. Die Konzepte des Habitus betonen, dass kulturelle Wissensbestände inkorporiert werden, also in Körpern von Personen eingeschrieben sind. Im Unterschied zu anderen Praxistheorien verweist der Begriff des Habitus auf eine enge Kopplung von Milieu, Person und sozialer Praxis (im Sinne des Alltagshandelns).

Habitus
Mit dem Begriff des Habitus [Plural: Habitūs/ haˈbituːs] wird die grundlegende soziologische Fragestellung nach dem Zusammenhang von Individuum und Gesellschaft, von Person und Struktur bearbeitet. „Wenn man vom Habitus redet, dann geht man davon aus, dass das Individuelle und selbst das Persönliche, Subjektive etwas Gesellschaftliches ist, etwas Kollektives. Der Habitus ist die sozialisierte Subjektivität." (Bourdieu und Waquant 1996, S. 159). Das Interessante am Habituskonzept ist, dass es eine Möglichkeit bietet, die Individualität eines Menschen als einen Ausdruck seiner sozialen Herkunft zu verstehen.
  Der Habitus einer Person hat einen gesellschaftlichen Ursprung und ist ein vielschichtiges System von Denk-, Wahrnehmungs- und Handlungsmustern, das die Ausführung und Gestaltung individueller Handlungen und Verhalten mitbestimmt. Zu ihm gehören Haltungen, Einstellungen, Deutungen und Orientierungen, die eingebettet sind in eine kollektive, gesellschaftliche Praxis. Er ist begründet in der sozialen Lage, dem kulturellen Milieu und der Biografie eines Individuums. Habitūs beruhen auf ökonomischem (z. B. Geld), kulturellem (z. B. Bildung), sozialem (Netzwerke) und symbolischem (z. B. Prestige) Kapital (vgl. dazu Bourdieu 1987). Je mehr Kapitalien einem*r Schüler*in und ihrer*seiner Familie zur Verfügung stehen, desto wahrscheinlicher wird ein erfolgreicher Schulbesuch, der in einem hohen Bildungsabschluss mündet. Als einer Art sozialer Grammatik ist der Habitus in die Körper und Verhaltensweisen eingeschrieben (vgl. Liebsch 2016, S. 85).

Werner Helsper, Rolf-Thorsten Kramer und Sven Thiersch haben vor einigen Jahren einen Sammelband mit dem Titel *Schülerhabitus* (2014) herausgegeben. Mit dem Begriff des Schülerhabitus, den sie mit Bezug auf die Arbeiten von Pierre Bourdieu entwickeln, wird es möglich, die Individualität von Schüler*innen zu erforschen und diese zugleich als Ausdruck milieubedingter sozialisatorischer Prozesse zu begreifen. Das Konzept des Schüler*innenhabitus steht also im Widerspruch zu der Annahme, dass gute Schüler*innenleistungen allein auf Begabung, Talent, Intelligenz, Motivation und Willen zurückzuführen sind. Im Gegenteil regt das Habituskonzept in besonderer Weise dazu an, über soziale Ungleichheit bzw. Bildungsgerechtigkeit und -chancen sowie differenzielle Entwicklungsmilieus nachzudenken.

2.6 Der Schüler*innenhabitus

Helsper et. al (2014) konnten in ihrer Studie acht verschiedene Habitūs von Schüler*innen rekonstruieren, in denen sich unterschiedliche Positionierungen zur Schule zeigen. Die beiden Habitūs der Bildungsexzellenz und -distinktion sowie der Habitus der Bildungsfremdheit liegen im Spektrum der beschriebenen Bildungshabitūs am weitesten auseinander. Die anderen Habitūs siedeln sich zwischen diesen Polen an. Schüler*innen, die über einen Habitus der Bildungsexzellenz und -distinktion verfügen, gehen nach der Grundschule, die sie mit Leichtigkeit und als Klassenbeste absolviert haben, auf ein exklusives Gymnasium. Sie sind in hohem Maße leistungs- und bildungsorientiert und interessieren sich z. B. für Architektur oder anspruchsvolle Zeitungen. Allerdings unterwerfen sie sich nicht der Schule, sondern fühlen sich von den schulischen Erwartungen unterfordert. Exzellente Leistungen ohne Anstrengung und nebenbei zu erzielen, ist Teil ihres Selbstbildes. Zugleich erfahren sie sich als verletzlich, wenn sie auf einem Niveau versagen, an das andere Kinder nicht einmal heranreichen. Mit ihren herausragenden Leistungen und ihrem Geschmack fühlen sie sich eher in der Welt der Erwachsenen heimisch (ebd., S. 131).

Schüler*innen, die einen Habitus der Bildungsfremdheit verkörpern, besuchen nach der Grundschule, Gesamt-, Sekundar- oder Hauptschulen, die sie und ihre Familien gegenüber dem Gymnasium deutlich bevorzugen. Bei diesen Schüler*innen zeigt sich vor allem eine deutliche Differenz zwischen dem Familienhabitus und den Erwartungen und Regeln der Schule. Die Schule bleibt diesen Schüler*innen oftmals fremd. Dies macht den Besuch der Schule zu einer Zumutung, denn er ist mit Entbehrung und Entfremdung verbunden. Zudem sind diese Schüler*innen angesichts der schulischen Leistungsanforderungen von einem steten Scheitern bedroht. Es entwickeln sich chronische Misserfolgsbiografien (vgl. dazu auch Fend 1997, S. 265 f.), die sich in Selbstbild und im Habitus der Bildungsferne und -hilflosigkeit niederschlägt (vgl. Helsper et al. 2009, S. 137 f.). Dessen ungeachtet ‚unterwerfen' sich die Schüler*innen den Anforderungen der Schule, wobei es sich um eine oberflächliche Anpassung handelt: Sie verfügen nicht über das Potenzial, Schule und Unterricht mitzugestalten, sondern resignieren und vermeiden in ihrer Hilflosigkeit jegliche Konfrontation mit den Lehrkräften. Sie tun so, als ob sie dem Unterricht folgen (vgl. ebd., S. 135 f.).

Fazit

Die Beschäftigung mit ausgewählten sozialwissenschaftlichen Konzepten zeichnet ein differenzierteres Bild des Schüler*innen-Seins. Je nachdem wie Schüler*innen perspektiviert, also wissenschaftlich angeschaut, werden, geraten unterschiedliche Facetten in den Blick.

Die Schüler*innenrolle macht auf das Bündel (gesellschaftlicher) Erwartungen an Schüler*innen aufmerksam, die insbesondere als Anforderungen, bestimmte Leistungen zu erbringen, zu verstehen sind. Mittels Beobachtungen und Befragungen im Unterricht und in der Schule hingegen kann gezeigt werden, wie sich Schüler*innen zu diesen Anforderungen verhalten, ob sie z. B. versuchen diese Erwartungen zu erfüllen oder auch in Distanz zu ihnen treten. Dabei wird mit der Metapher der Vorder- und Hinterbühne eine Differenz zwischen einem offiziellen und einem inoffiziellen Geschehen in der Schule sichtbar. Schüler*innen können dann als Akteure*innen und (Mit-)Gestalter*innen einer schulischen Lebenswelt wahrgenommen werden, die sich eigene Interaktionsräume schaffen und den Unterricht durchaus in eigenem Interesse und mit Einfluss zu gestalten wissen.

Die Beobachtung von Schüler*innenpraktiken bringt vor allem Routine und Pragmatik im Umgang mit Unterricht zum Vorschein, während Schüler*innenbiografien auf das Erleben von Schule aufmerksam machen. Mit narrativen Interviews wird das Verhältnis zur Schule und die individuelle Bearbeitung schulischer Anforderungen, z. B. im Hinblick auf die Identitätsentwicklung, erforscht. In biographischen Perspektiven wird häufig ein Spannungsfeld sichtbar, das zwischen Familie, Herkunftsmilieu und Schule besteht. Genau dieses Verhältnis wird mit dem Schüler*innenhabitus in den Blick genommen, wobei Einstellungen und Verhaltensweisen von Schüler*innen interessieren, die als zur Schule passend bzw. nicht passend beschrieben werden.

> **Fragen**
>
> Versuchen Sie mithilfe der vorgestellten Perspektiven zu erklären, warum es für Schüler*innen sinnvoll sein kann, sich den unterrichtlichen bzw. schulischen Erwartungen und Anforderungen zu fügen bzw. zu widersetzen.
>
> Überlegen Sie, was es für die didaktische Planung von Unterricht und die Themenwahl bedeutet, wenn Schüler*innen im Unterricht vor allem sehr routiniert ihrem Job und einer „Logik der Planerfüllung" (Huf und Breidenstein 2009) folgen.
>
> Beschreiben Sie den Zusammenhang von lebensweltlichen Erfahrungen und Bildungs- bzw. Schulerfolg vor dem Hintergrund von Schüler*innenbiografien und Schüler*innenhabitus. Recherchieren Sie dazu den Begriff der *institutionellen Diskriminierung*.

▶ **Weiterführende Literatur**

- Bourdieu, P., & Passeron, J.-C. (1971). *Die Illusion der Chancengleichheit. Untersuchungen zur Soziologie des Bildungswesens am Beispiel Frankreichs.* Stuttgart: Ernst Klett.
- Bräu, K., Fuhrmann, L., & Rother, P. (Hrsg.). (2023). *Die verborgenen Seiten von Hausaufgaben.* Weinheim: Beltz Juventa.
- Kotzyba, K. (2021). *Schüler*innen mit „Migrationshintergrund" exklusiver Gymnasien. Eine rekonstruktive Studie zu Schülerhabitus.* Wiesbaden: Springer VS.
- Helsper, W. (2015). Schülerbiographie und Schülerhabitus: Schule und Jugend als Ambivalenzverhältnis? In S. Sandring, W. Helsper, & H.-H. Krüger (Hrsg.), *Jugend. Theoriediskurse und Forschungsfelder* (S. 131–159). Wiesbaden: Springer VS.

Literatur

Andresen, S., & World Vision e.V. (2018). *Kinder in Deutschland 2018: 4. World Vision Kinderstudie.* Weinheim: Beltz.
Berger, P. L. and T. Luckmann (1966). *The Social Construction of Reality: A Treatise in the Sociology of Knowledge.* Garden City, NY: Anchor Books.
Bock, K., Göddertz N., Heyden, F., & Mauritz, M. (Hrsg.) (2020). *Zugänge zur Kinderladenbewegung.* Wiesbaden: Springer Fachmedien.
Bocr, H. de (2006). *Klassenrat als interaktive Praxis.* Wiesbaden: Verlag für Sozialwissenschaften.
Boer, H. de (2009). Peersein und Schülersein – ein Prozess des Ausbalancierens. In de Boer, H. de, & Deckert-Peaceman, H. (Hrsg.), *Kinder in der Schule. Zwischen Gleichaltrigenkultur und schulischer Ordnung* (S. 105–117). Wiesbaden: VS Verlag für Sozialwissenschaften.
Böhm, W. (1977). *Der Schüler.* Bad Heilbrunn: Klinkhardt
Bourdieu, P. (1987). *Die feinen Unterschiede. Kritik der gesellschaftlichen Urteilskraft.* Frankfurt a. M.: Suhrkamp.
Bourdieu, P., & Waquant, L. (1996). *Reflexive Anthropologie.* Frankfurt a. M.: Suhrkamp.
Bräu, K., & Schlickum, C. (2015). Soziale Konstruktionen in Schule und Unterricht – eine Einführung. In ebd. (Hrsg.), *Soziale Konstruktionen in Schule und Unterricht. Zu den Kategorien Leistung, Migration, Geschlecht, Behinderung, Soziale Herkunft und deren Interdependenzen* (S. 17–32). Opladen: Barbara Budrich.
Breidenstein, G. (2006). *Teilnahme am Unterricht. Ethnographische Studien zum Schülerjob.* Wiesbaden: VS Verlag für Sozialwissenschaften.
Breidenstein, G., & Kelle, H. (1998). *Geschlechteralltag in der Schulklasse. Ethnographische Studien zur Gleichaltrigenkultur.* Weinheim: Juventa-Verlag.

Calvert, B. (1975). *The Role of the Pupil*. London: Routledge and Paul.
Calvert, B. (1976). *Die Schülerrolle – Erwartungen und Beziehungen*. Ravensburg: Maier Verlag.
Dahrendorf, R. (1959, 2006). *Homo Sociologicus: Ein Versuch zur Geschichte, Bedeutung und Kritik der Kategorie der sozialen Rolle*. Wiesbaden: Springer VS.
Carnicier, J. (2012). Jugendliche Bildungsaufsteiger mit türkischem Migrationshintergrund. In S. Fürstenau (Hrsg.), *Interkulturelle Pädagogik und sprachliche Bildung. Herausforderungen für die Lehrerbildung* (S. 65-81). Wiesbaden: Springer VS.
Elias, N. (1992). *Studien über die Deutschen. Machtkämpfe und Habitusentwicklung im 19. und 20. Jahrhundert*. Frankfurt a. M.: Suhrkamp.
Fabel-Lamla, M., & Wiezorek, C. (2006). Qualitativ-rekonstruktive SchülerInnen- und LehrerInnenbiografieforschung und Perspektiven ihrer Verschränkung. In S. Rahm, I. Mammes, & M. Schratz (Hrsg.), *Schulpädagogische Forschung. 2. Organisations- und Bildungsprozessforschung. Perspektiven innovativer Ansätze* (S. 69–81). Innsbruck: Studien Verlag.
Fend, H. (1997). *Der Umgang mit Schule in der Adoleszenz. Aufbau und Verlust von Lernmotivation, Selbstachtung und Empathie*. Bern: Huber.
Fuhrmann, L. (2020). Pizza und Liebe im Unterricht – Die Konstruktion von Wissen über Aufgaben mit Lebensweltbezug. *Zeitschrift für interpretative Schul- und Unterrichtsforschung 9*, 38–51.
Goffman, E. (1973). *Asyle. Über die soziale Situation psychiatrischer Patienten und anderer Insassen*. Frankfurt a. M.: Suhrkamp.
Gomolla, M., & F.-O. Radtke (2009). *Institutionelle Diskriminierung. Die Herstellung ethnischer Differenz in der Schule*. Wiesbaden: VS Verlag für Sozialwissenschaften.
Haug, F. (1972). *Kritik der Rollentheorie und ihrer Anwendung in der bürgerlichen deutschen Soziologie*. Frankfurt a. M.: Fischer.
Heinze, T. (1978). *Unterricht als soziale Situation. Zur Interaktion von Schülern und Lehrern*. München: Juventa.
Heinze, T. (1980). *Schülertaktiken*. München: Urban & Schwarzenberg.
Helsper, W., Kramer, R.-T., & Tiersch, S. (2014). *Schülerhabitus. Theoretische und empirische Analysen zum Bourdieuschen Theorem der kulturellen Passung*. Wiesbaden: Springer VS.
Helsper, W., Kramer, R.-T., Hummrich, M., & Busse, S. (2009). *Jugend zwischen Familie und Schule: eine Studie zu pädagogischen Generationsbeziehungen*. Wiesbaden: VS Verlag für Sozialwissenschaften.
Hörning, K. H., & Reuter, J. (2006). Doing Material Culture. Soziale Praxis als Ausgangspunkt einer ‚realistischen' Kulturanalyse. In A. Hepp, & R. Winter (Hrsg.), *Kultur — Medien — Macht* (S. 109–123). Wiesbaden: VS Verlag für Sozialwissenschaften.
Huch, K. J. (1972). *Einübung in die Klassengesellschaft*. Frankfurt a. M.: Fischer.
Huf, C. (2006). *Didaktische Arrangements aus der Perspektive von SchulanfängerInnen*. Bad Heilbrunn: Klinkhardt.
Huf, C., & Breidenstein, G. (2009). Schülerinnen und Schüler bei der Wochenplanarbeit. Beobachtungen zur Eigenlogik der 'Planerfüllung'. *Pädagogik 61*, 20–23.
Hummrich, M. (2009). *Bildungserfolg und Migration. Biographien junger Frauen in der Einwanderungsgesellschaft* (2., überarbeitete Aufl.). Wiesbaden: VS Verlag für Sozialwissenschaften.

Hurrelmann, K., Andresen, S., & TNS Infratest Sozialforschung (2007). *Kinder in Deutschland 2007: 1. World Vision Kinderstudie.* Frankfurt a. M.: Fischer.
Hurrelmann, K., Naundorf, G., Rodax, K., Wildt, C. Pitz, N. Rabe-Kleberg, U. (1986). *Koedukation - Jungenschule auch für Mädchen? Alltag und Biografie von Mädchen 14.* Opladen: Leske und Budrich.
Husserl, E. (2012). *Die Krisis der europäischen Wissenschaften und die transzendentale Phänomenologie.* Hamburg: Felix Meiner.
Idel, T.-S. (2007). *Waldorfschule und Schülerbiographie. Fallrekonstruktionen zur lebensgeschichtlichen Relevanz anthroposophischer Schulkultur.* Wiesbaden: VS Verl. für Sozialwissenschaften.
Jünger, R. (2008). *Bildung für alle? Die schulischen Logiken von ressourcenprivilegierten und -nichtprivilegierten Kindern als Ursache der bestehenden Bildungsungleichheit.* Wiesbaden: VS Verlag für Sozialwissenschaften.
Jünger, R. (2010). Schule aus der Sicht von Kindern. Zur Bedeutung der schulischen Logiken von Kindern mit privilegierter und nicht-privilegierter Herkunft. In A. Brake, & H. Bremer (Hrsg.), *Alltagswelt Schule. Die soziale Herstellung schulischer Wirklichkeiten* (S. 159–184). Weinheim: Juventa.
Klink, J.-G. (1974). *Klasse H7E.* Bad Heilbrunn: Julius Klinkhardt.
Krappmann, L., & Oswald, H. (1995). *Alltag der Schulkinder. Beobachtungen und Analysen von Interkationen und Sozialbeziehungen.* Weinheim: Juventa-Verlag.
Krüger, H.-H., Keßler C., Otto, A., & Schippling, A. (2014). Elite und Exzellenz aus der Perspektive von Jugendlichen und ihren Peers an exklusiven Schulen. In H.- H. Krüger, & W. Helsper (Hrsg.), *Elite und Exzellenz im Bildungssystem. Nationale und internationale Perspektiven* (S. 221–241). Wiesbaden: Springer VS.
Leser, I. (2017). *Die Grundschule aus der Sicht von Kindern mit Migrationshintergrund. Eine Mehrebenenanalyse.* Weinheim: Beltz Juventa.
Liebsch, K. (2016). Identität und Habitus. In H. Korte, & B. Schäfers (Hrsg.), *Einführung in die Hauptbegriffe der Soziologie* (9. erweiterte und aktualisierte Aufl.) (S. 65–82). Wiesbaden: Springer VS.
Maschke, S., & Stecher, L. (2010). *In der Schule. Vom Leben, Leiden und Lernen in der Schule.* Wiesbaden: Verlag für Sozialwissenschaften.
Meier-Sternberg, M. (2023). Modelle schulischer und schulbezogener Vorder-, Neben- und Hinterbühnen. In K. Bräu, L. Fuhrmann, & P. Rother (Hrsg.), *Die verborgenen Seiten von Hausaufgaben* (S. 18–30). Weinheim: Beltz Juventa.
Miethe, I. (Hrsg.). (2014). *Bildungsentscheidungen im Lebenslauf. Perspektiven qualitativer Forschung.* Opladen: Barbara Budrich.
Nittel, D. (1992). *Gymnasiale Schullaufbahn und Identitätsentwicklung: eine biographieanalytische Studie, Interaktion und Lebenslauf.* Weinheim: Dt. Studien-Verlag.
Nittel, D. (2017). *Gymnasiale Schullaufbahn und Identitätsentwicklung: Eine biographieanalytische Studie* (2. Aufl.). Opladen: Barbara Budrich.
Reckwitz, A. (2003). Grundelemente einer Theorie sozialer Praktiken. Eine sozialtheoretische Perspektive. *Zeitschrift für Soziologie* 32 (4), 282–301.
Sackmann, R. (2013). *Lebenslaufanalyse und Biographieforschung. Eine Einführung* (Lehrbuch, 2. Aufl.). Wiesbaden: VS Verlag für Sozialwissenschaften.
Schneider, E. (2013). Schulische Aufwärtsqualifizierungen bei Hauptschülern im Rahmen biografischer Prozessverläufe – Potentiale eines schülerbiografischen Zugangs. In S.

Siebholz, E. Schneider, S. Busse, S. Sandring, & A. Schippling (Hrsg.), *Prozesse sozialer Ungleichheit. Bildung im Diskurs* (S. 57–68). Wiesbaden: Springer VS.
Schneider, E., & Helsper, W. (2022). Schülerbiographien, Schulkarrieren und Schullaufbahnen. In H. Bennewitz, H. de Boer, & S. Thiersch (Hrsg.), *Handbuch der Forschung zu Schülerinnen und Schülern* (S. 229–240). Münster: Waxmann.
Seneca, L. A. (2015). *Briefe an Lucilius*. Berlin: AD Fontes.
Schütze, F. (1984). Kognitive Figuren des autobiographischen Stegreiferzählens. In M. Kohli, & G. Robert (Hrsg.), *Biographie und soziale Wirklichkeit* (S. 78–117). Stuttgart: J. B. Metzlersehe Verlagsbuchhandlung.
Schütze, F. (2006). Verlaufskurven des Erleidens als Forschungsgegenstand der interpretativen Soziologie. In H.-H. Krüger (Hrsg.), *Handbuch erziehungswissenschaftliche Biographieforschung* (S. 205–237). Wiesbaden: VS Verlag für Sozialwissenschaften.
Thiersch, H. (2015). *Soziale Arbeit und Lebensweltorientierung: Konzepte und Kontexte*. Weinheim: Beltz Juventa.
Wellgraf, S. (2012). *Hauptschüler. Zur gesellschaftlichen Produktion von Verachtung*. Bielefeld: transcript.
Wellendorf, F. (1977). Schule und Identität – Thesen zur schulischen Sozialisation. In W. Böhm (Hrsg.), *Der Schüler* (S. 19–36). Bad Heilbrunn: Klinkhardt.
Willis, Paul (2013): *Spaß am Widerstand. Learning to Labour*. Hamburg: Argument.
Wimmer, W. (1976). *Nicht allen das Gleiche, sondern jedem das Seine. Sozialbiographien aus einer Hauptschulklasse. Ein Lehrer berichtet über Lehren, Lernen und die Zumessung von Lebenschancen*. Reinbek bei Hamburg: Rowohlt.
Wünsche, K. (1993). Tabus über dem Schülerberuf. *Zeitschrift für Pädagogik 39*, 369–381.
Zimmermann, F. (2015). Schülerbiographien in ihrer Entwicklung unter dem besonderen Einfluss der Ganztagsschule in Mecklenburg-Vorpommern. Inauguraldissertation an der Ernst-Moritz-Arndt-Universität Greifswald. https://epub.ub.uni-greifswald.de/frontdoor/index/index/year/2016/docId/1692. Zugegriffen: 18. September 2022.
Zinnecker, J. (2001). *Stadtkids. Kinderleben zwischen Straße und Schule*. Weinheim: Juventa.

Über die Verschiedenheit von Schüler*innen 3

> In diesem Kapitel geht es um die Heterogenität von Schüler*innen und die Mechanismen, mit denen Verschiedenheit in schulischen Interaktionen hervorgebracht und damit auch bedeutsam gemacht wird. Wir zeigen die Konsequenzen auf, die es für eine*n Schüler*in hat, wenn sie*er in einer bestimmten Art und Weise wahrgenommen, angesprochen und bewertet wird.

3.1 Einleitung

Häufig werden Schüler*innen mit bestimmten Eigenschaften oder Merkmalen verbunden. In der Schule sind es meist leistungs- und verhaltensbezogene Dimensionen, aber nicht nur: So gilt Karla als lebendig, Merle ist oft abgelenkt, Hassan ist fleißig oder Tom trägt Hörgeräte. Durch solche Zuschreibungen von Lehrkräften und Mitschüler*innen wird die Unterschiedlichkeit, also die Heterogenität von Kindern und Jugendlichen für andere, aber auch für sie selbst erfahrbar.

▶Das Wort Heterogenität leitet sich aus dem Griechischen héteros – anders, verschieden – ab, das mit génos – Klasse, Art – verwandt ist und mit gemischt, verschieden und fremd übersetzt werden kann (vgl. im etymologischen Wörterbuch Kluge 2011, S. 413). Das Substantiv Heterogenität verweist im pädagogischen Kontext auf Unterschiedlichkeit, Andersartigkeit und Fremdheit, die an bestimmten Gruppen, Individuen oder auch Organisationen festgemacht wird.

Besonders weitreichend sind Zuschreibungen, wenn sie auf die ganze Person gerichtet werden: Hassan ist ein Streber, Ebru ist ein Nerd und Bao ist der Klassenclown. Solche ‚Etiketten' bleiben für die Schüler*innen nicht folgenlos. Denn die zugeschriebenen Eigenschaften haben Einfluss auf die Interaktionen in Schule und Klassenzimmer und auf die Selbstwahrnehmung und Selbsteinschätzung der so Adressierten. Zuschreibungen sind damit nicht nur relevant für die Teilhabe am Unterricht, sondern auch für die Konstruktion der eigenen Identität und die Frage „Wer bin ich?" (vgl. Erikson 1973; Abels 2017; Kleeberg-Niepage 2021).

▶ **Differenz** Alternativ zum Begriff der Heterogenität wird auch von Differenz gesprochen. Mit diesem ursprünglich aus der Soziologie entlehnten Begriff werden Unterschiede zwar auch als Ergebnis von (pädagogischen) Vergleichsprozessen verstanden, aber vor allem vor dem Hintergrund gesellschaftlicher Ungleichheitsstrukturen erforscht. Sogenannte Differenzlinien zeigen sich entlang der klassischen Dimensionen von sozialer Ungleichheit (race, class, gender, dis/ability). Werden alle Dimensionen in einer wissenschaftlichen Perspektive gleichermaßen in den Blick genommen, spricht man von Intersektionalität. Mit dem Fachbegriff ‚doing difference' wird betont, dass Differenz in Interaktionen und Handlungsvollzügen, also durch Praktiken und Handlungen, hergestellt wird (vgl. Budde 2006, S. 48). ‚Doing difference' ist dabei eine Weiterentwicklung des Begriffs ‚doing gender' (vgl. West und Zimmerman 1987), der die Konstruktion des (sozialen) Geschlechts durch Handlungen und Interaktionen bezeichnet.

Während innerhalb der Schule und im pädagogischen Diskurs Heterogenität vor allem als ein didaktisches Problem der Unterrichtsgestaltung und des Anspruchs individuell zu fördern wahrgenommen und diskutiert wird und häufig dann von Heterogenität gesprochen wird, wenn Vielfalt und Unterschiedlichkeit von Schüler*innen pädagogisch bearbeitet werden sollen (vgl. Koller et al. 2014; Budde 2012; Prammer-Semmler 2017, S. 91), beschäftigt sich dieses Kapitel mit der Heterogenität selbst.

Das Ziel des Kapitels ist es zu zeigen, dass Unterschiede zwischen Menschen nicht einfach gegeben sind, sondern in Interaktionen hervorgebracht werden. Wir werden mithilfe von Fallbeispielen unterschiedliche wissenschaftliche Perspektiven auf jene Prozesse darstellen, mit denen Schüler*innen zu einer bestimmten Person mit bestimmten Eigenschaften werden. Grundlegend wird es zunächst um die *soziale Konstruktion* von Heterogenität (3.2) und die Analyse der *Vollzugswirklichkeit* gehen (3.3). Im Anschluss wird gezeigt, wie machtvoll die *Subjektivation* von Schüler*innen sein kann (3.4). Abschließend machen wir darauf aufmerksam, dass Schüler*innen ein *Image* haben können und wie es hergestellt werden kann (3.5).

3.2 Zur sozialen Konstruktion von Heterogenität

In einer sozial-konstruktivistischen Perspektive (vgl. Berger und Luckmann 1969) kann sichtbar gemacht werden, dass Unterschiede zwischen Schüler*innen Ergebnisse von Vergleichsprozessen sind und in Interaktionssituationen hervorgebracht werden (vgl. z. B. Wenning 2007, S. 23). Zum Beispiel werden Schüler*innen entlang eines Vergleichskriteriums wie etwa der Geschwindigkeit beim Abschreiben eines Tafelbildes in schnell oder (zu) langsam Arbeitende unterschieden (vgl. zur Bedeutung von Zeit auch bei Syring 2020). Die sozial-konstruktivistische Perspektive betont, dass Verschiedenheit sozial hergestellt wird und damit nicht als ein nur in der Person selbst liegendes Charakteristikum verstanden werden kann. So wird das Kriterium der Geschwindigkeit im Unterricht immer dann relevant, wenn Zeit eine große Rolle spielt und ‚im Gleichschritt' gearbeitet werden soll. Wiederholte Ermahnungen an die immer gleichen Schüler*innen wie ‚Pierre ist wie immer einer der Letzen' oder ein wohlwollender Kommentar wie ‚Dunja ist schon fertig' stellt nicht nur die Bedeutsamkeit von Zeit und Geschwindigkeit heraus und macht die Verschiedenheit sichtbar, sondern verfestigt auch wie jemand *ist*: Pierre ist dann vielleicht ‚die Trantüte' und Dunja ‚die Fleißige'. Die Güte der erbrachten Leistung oder die Ursachen der unterschiedlichen Bearbeitungsdauer spielen hier noch keine Rolle. Wurden diese Kriterien relevant gemacht werden, wäre es wohlmöglich Pierre, der gelobt und Dunja, die zu mehr Sorgfalt ermahnt würde. Welche Kriterien für Vergleichsdimensionen herangezogen werden ist also abhängig von der sozialen Situation. Die Heterogenität von Schüler*innen als soziale Konstruktion zu verstehen bedeutet, die Verschiedenheit als ein Ergebnis interaktiver Prozesse und institutioneller Bedingungen zu begreifen.

Soziale Konstruktion
Eine zentrale Position des sozialen Konstruktivismus ist, dass die Welt nicht objektiv erfahren werden kann, sondern dass sich Menschen lediglich Vorstellungen über die Welt machen. Somit gibt es im Hinblick auf die soziale Realität keine Wahrheit, sondern verschiedene Konstruktionen, die miteinander in Konkurrenz stehen können. Im alltäglichen Leben kommunizieren und verhandeln Menschen miteinander über ihre Welt-Konstruktionen, wobei einige dieser Konstruktionen in Institutionen ‚verobjektiviert' sind und alltagsweltlich als ‚gesetzt' gelten (z. B. in der Schule wird gelernt), andere wiederum werden interaktiv verhandelt (z. B. im Klassenrat: „Wer hat mit dem Streit angefangen?").

Auch Erfahrung und Lernen können als Konstruktionen betrachtet werden. Die Unterschiede in den fachlichen Leistungen von Schüler*innen werden häufig auf unterschiedliche kognitive Dispositionen und eine verschieden stark ausgeprägte Leistungsmotivation zurückgeführt. Aus einer mikrosoziologischen Perspektive, die das konkrete Handeln von Akteuren fokussiert, stellen sich hingegen Leistungsunterschiede als (inter-)subjektive Konstruktionen dar (vgl. Gellert und Hümmer 2008).

Sozialkonstruktivistische Didaktiken betonen die Bedeutung von Konstruktions-, Rekonstruktions- und Dekonstruktionsprozessen für das Lernen, das auf „kommunikative Austauschprozesse und kollektive Aushandlungs- und Einigungsprozesse" (Bräu und Schlickum 2015, S. 19) angewiesen ist. Lernprozesse sind damit an drei Phasen gebunden: eigene Erfahrungen machen und hieraus Wirklichkeit konstruieren (1), andere Wirklichkeitskonstruktionen mit diesen vergleichen (2) und die eigenen und fremden Konstruktionen kritisch hinterfragen (3) (Reich 2002, S. 141 ff.).

3.3 „Doing difference" – Unterschiede werden gemacht

Wenn Heterogenität als Ergebnis von sozialen Konstruktionsprozessen verstanden wird, dann stellt sich die Frage, wie diese Konstruktionsprozesse funktionieren. Anders gefragt: Wie werden Unterschiede zwischen Schüler*innen in der Praxis hervorgebracht? Hierzu müssen konkrete soziale Interaktionen, die an einem bestimmten Ort, zu einer bestimmten Zeit stattfinden, in den Blick genommen werden. Der Soziologe Jörg Reinhold Bergmann (1981) nennt solche lokal-zeitlich situierten Interaktionen *Vollzugswirklichkeiten*. Am Beispiel einer Beobachtung aus einem Morgenkreis einer 7. Schulklasse wird gezeigt, wie eine solche Vollzugswirklichkeit Unterschiede zwischen Schüler*innen erzeugt. Im Morgenkreis sind etwa zwanzig jugendliche Schüler*innen, ihre Klassenlehrerin und der Beobachter anwesend.

Stella, Szene 1

Kichernd, prustend und lachend erzählt Tim, dass es in den Pausen zurzeit „voll eskaliert". Es sei voll laut, alle schreien, aber es kommt keine Pausenaufsicht. Und „die mit dem Ding im Ohr" sagt auch nix. Frau Meier unterbricht und meint, dass für Stella die Hörgeräte nun mal medizinisch notwendig seien (Bennewitz und Hecht 2018, S. 190).◄

Tim prahlt mit einem Pausengeschehen und knüpft daran eine Anklage an eine Mitschülerin. Das Mädchen wird für die Lautstärkeregelung verantwortlich gemacht; sie komme ihrer Aufgabe aber nicht nach, sie sage „nix". Über Stella wird hier in einer herabwürdigenden Art und Weise gesprochen. Anstelle ihres Namens wird sie „die mit dem Ding im Ohr". Die Lehrerin korrigiert Tim nicht (z. B. „wir sprechen uns mit Vornamen an"). Im Verlauf der Szene scheint sie Stella verteidigen zu wollen, indem sie auf eine medizinische Notwendigkeit verweist. Tatsächlich bestätigt und legitimiert sie aber die Besonderheit von Stella, die in dieser Adressierung zu einem ‚medizinischen Fall' geworden ist.

Adressierung

Adressierung, Anrufung oder auch Anerkennung meint spezifische Aspekte der Kommunikation, die mit einer Aufforderung, als jemand zu sprechen, zu handeln und (an-)erkannt zu werden, verbunden sind. Der französische Philosoph Louis Althusser (1977, S. 143) hat dies am Beispiel folgender Situation diskutiert. Es geht um einen Polizisten im öffentlichen Raum, der „Hey, Sie da!" ruft. Eine Person, die sich davon angesprochen fühlt und sich umdreht, „in dem Glauben, der Ahnung, dem Wissen, sie sei gemeint", wird dadurch zum Subjekt (eines polizeilichen Zugriffs), weil sie anerkennt, dass der Anruf ihr gilt. Solche (An-)Erkennung als ein spezifisches Subjekt schließt gleichzeitig andere Subjektformen – wie etwa als Student*in oder Wissenschaftler*in handeln oder sprechen zu können – aus. In Adressierungen klingen außerdem stets vorgängige Bedeutungen mit: Wird ein Individuum als Mädchen angesprochen, dann wirken in dieser Anrufung schon bestehende Bilder, Bedeutungen und Normvorstellungen über Mädchen mit (vgl. Mecheril und Plößer 2012, S. 133).

Es sind vor allem Einrichtungen wie Kirchen, Familien oder eben auch Schulen, die Subjekte als diejenigen ‚anrufen', „die sie im Rahmen der Institutionen zu werden bestimmt sind" (Rose und Koller 2012, S. 76). Die Schule adressiert Kinder und Jugendliche als Schüler*innen, was heißt, dass sie dazu aufgerufen werden, gemäß ihrer Rolle als Schüler*in (vgl. Kap. 2.1) zu handeln. Im Feld der Schule gibt es eindeutige Regeln und relativ klare Vorstellungen davon, welche Verhaltensweisen von Schüler*innen als erwünscht gelten (vgl. Kap. 1). Für den offenen Unterricht in der Grundschule haben die Erziehungswissenschaftlerinnen Kerstin Rabenstein und Sabine Reh (2009) untersucht, welche Erwartungen an Schüler*innen herangetragen und daher als institutionelle Normvorstellungen verstanden werden können: „Der selbständige Schüler bzw. die selbständige Schülerin ist interessiert und motiviert, er oder sie arbeitet ausdauernd und konzentriert, hat eine hohe Frustrationstoleranz und ist leistungs- und anstrengungsbereit und stressresistent, sucht sich Partner für die Arbeit und Helfer zur Unterstützung und nimmt Rücksicht auf andere bzw. kann sich auch bei Unruhe auf die eigene Arbeit konzentrieren" (ebd., S. 169). Die selbständige Schüler*in der Grundschule ist also ein Beispiel dafür, wie Subjekte im Rahmen der Institution Schule ‚angerufen' werden. Für andere Altersgruppen sowie Schul- und Unterrichtsformen können auch andere Normalitätsentwürfe gelten.

Kehren wir zum Fallbeispiel von Stella zurück. Im Verlauf der Situation werden weitere Vorwürfe erhoben. Stella scheint in eine für sie ausweglose Situation geraten zu sein.

> **Stella, Szene 2**
>
> Frau Meier ruft dann Elisa auf, die sich meldet: Stella habe die Hörgeräte eh nie drin. Es folgt ein kurzes Durcheinander von bestätigenden Aussagen. Stella scheint sich verteidigen zu müssen. Sie sitzt zusammengekauert auf ihrem Stuhl. Blass sagt sie, dass sie die Hörgeräte nicht reinmachen würde, weil es zu laut damit sei und sie, selbst wenn die Geräte ganz leise gestellt sind, die Nebengeräusche sehr stören. Daraufhin brandet eine Welle der Empörung durch den Kreis, es wird durcheinandergerufen. „Hätte sie die Dinger drin, wären wir ja leise."[...] Elisa ergreift wieder das Wort: „Wie lange hast Du die Dinger schon?" Stella ganz leise. „Ein Jahr." Elisa ironisch: „Ein Jahr, ach ja, alles klar." Stella erklärt mit verschränkten Armen, dass sie, wenn sie die Hörgeräte in der Schule drin lässt, einen – wie heißt das? – Tinnitus bekomme und Kopfschmerzen. Da lasse sie sie lieber zu Hause. Tim ruft: „Eyh, das ist ja wohl voll unnormal" (allgemeines Kichern). Elisa macht weiter: „Wenn Du die reinmachen würdest. Also ich komm mit der Behauptung nicht klar. Wenn Du sie nicht rein machst, können wir es auch nicht ändern." Pauline: „Du kannst sie ja in der Pause raus machen." Frau Meier: „So, das war das Schlusswort für heute, geht bitte auf Eure Plätze." (Bennewitz und Hecht 2018, S. 190).◄

Stellas Versuche sich zu erklären scheitern. Ihre Entscheidung, die körperlichen Einschränkungen nicht mit dem Anlegen der Hörgeräte zu kompensieren, bringt ihr den Makel ein unnormal zu sein. Die *Vollzugswirklichkeit* des Morgenkreises gerät zu einem stigmatisierenden Geschehen und es erweist sich als machtvoll. Stella kann kaum Einfluss auf die Situation nehmen, denn mehrere Personen verbünden sich und bringen Stella gemeinsam in eine Außenseiterinposition, die sie obendrein auch noch selbst verschuldet haben soll („Wenn Du sie [die Hörgeräte] nicht rein machst, [dann] können wir es auch nicht ändern"). Die Anschuldigungen von Elisa und Tim werden insofern von der Lehrerin gebilligt, als sie wiederholt nicht interveniert und die Situation weiterlaufen lässt.

Diese Szene zeigt, wie Stella durch das Interaktionsgeschehen zu einer andersartigen Person und damit zu einer Außenseiterin gemacht und stigmatisiert wird. Anzunehmen ist, dass sich in dieser Situation zum wiederholten Male bestätigt, was alle schon wissen: Stella gehört nicht zu uns. Im Zentrum dieser Interaktion steht eine Zuschreibung, die auf die ganze Person von Stella gerichtet ist. Der Besitz eines Hörgerätes wird zum entscheidenden Merkmal von Stella stilisiert, er begründet die Differenz zu den Mitschüler*innen und bringt sie in die Verantwortung für eine Eskalation, die letztlich mit der Nicht-Verwendung der Hörgeräte legitimiert wird. Stella ist in dieser Logik selbst verantwortlich für ihre

Außenseiterinrolle; sie ist selbst schuld. Die Unterscheidung ist an das Stigma Hörgerät geknüpft und schafft eine Differenzlinie im Hinblick auf körperliche Beeinträchtigung bzw. dis/ability.

Stigmatisierung

Stigmatisierung ist ein soziologischer Schlüsselbegriff, den der amerikanische Soziologe Erving Goffman (1975) in die Sozialwissenschaften eingeführt hat. Ein Stigma ist im ursprünglichen griechischen Wortsinn ein Mal, wie ein Wundmal oder Brandmal, d. h. ein auffälliges und negativ bewertetes Merkmal (Ausnahme: religiöse Stigmata). Stigmatisierung ist ein Prozess, bei dem eine Person oder Personengruppen mit Hilfe eines oder mehrerer Merkmale, Verhaltensweisen oder Eigenschaften in einer negativen Weise gekennzeichnet werden, wobei ihr bzw. ihnen „die Akzeptanz im Sinne eines positiv vorgestellten Normalseins verweigert wird" (Bichler 1995, S. 1449). Der Prozess kann nach den amerikanischen Epidemiolog*innen und Soziolog*innen Bruce E. Link und Jo C. Phelan (2001) in vier Phasen untergliedert werden:

1 Wahrnehmung und Benennung einer Normabweichung

Ein zentrales unterscheidendes Merkmal wird an einer Person festgestellt und mit einem negativen Etikett versehen.

2 Aktivierung negativer Eigenschaften

Die benannten Unterschiede werden mit weiteren negativen Eigenschaften in Verbindung gebracht, die losgelöst vom konkreten, beobachtbaren Verhalten betroffener Personen geltend gemacht werden.

3 Abgrenzung

Es kommt zu machtvollen Praktiken der Abgrenzung und Ausgrenzung. Betont wird die Trennung zwischen dem eigenem „wir" von dem anderen „sie".

4 Diskriminierung

Die vollzogene Trennung in ein „wir" und ein „sie" rechtfertigt konkrete Diskriminierungen. Negative Konsequenzen für Stigmatisierte sind u. a. Statusverlust oder Formen der Selbststigmatisierung.

Stigmatisierte Menschen sind diesem Prozess meistens hilflos ausgeliefert. Die ihnen zugeschriebene negative Bewertung wird im Normalfall allmählich verinnerlicht und die Betroffenen erleben sich selbst als defizitär und bemühen sich zum Beispiel, das negativ bewertete Merkmal geheim zu halten oder irgendwie zu kompensieren. Die Verinnerlichung des Anders-Seins hat letztlich auch Auswirkungen auf die Identitätsentwicklung von Kindern und Jugendlichen (vgl. Ameling 2015).

Mit dem Fallbeispiel von Stella kann gezeigt werden, wie Unterschiedlichkeiten bzw. Differenz zwischen Schüler*innen hervorgebracht wird. Im Handlungsverlauf wird sichtbar, wie sich die „unterschiedlichen Positionen der Macht und somit der Ungleichheit und Dominanz" verteilen (Mecheril und Plößer 2009, S. 201). Diese soziale Positionierung wird auch mit dem Begriff der *Subjektivation* beschrieben.

3.4 Subjektivation in Schule und Unterricht

Im Gegensatz zu einer mittelalterlichen Ständeordnung gibt es heute für alle Individuen zahllose potenzielle Subjektformen, wie z. B. Heldin, Rockstar, Mutter, Onkel, Computerfreak, Türke, Schüler, Studentin, Verbrecherin oder Außenseiterin. Wie sich bereits am Beispiel von Stella ablesen lässt, können viele dieser Subjektformen auch im Unterricht hervorgebracht werden. Da die Mechanismen und Konsequenzen von Subjektivationsprozessen für Schüler*innen (und Lehrkräfte) erheblich sind, werden sie im Folgenden weiter beleuchtet.

▶ **Subjektivation**
Der Begriff der Subjektivation ist mit macht- und anerkennungstheoretischen Arbeiten französischer, amerikanischer oder auch deutscher Philosoph*innen und Soziolog*innen verknüpft (z. B. Althusser 1977; Butler 2001; Honneth 1994).

Ein zentraler Bezugspunkt sind die Analysen des französischen Soziologen und Poststrukturalisten Michel Foucault. Er interessiert sich für das Verhältnis zwischen Gesellschaft, Subjekt und Macht (z. B. Foucault 1977). Die Frage nach Identität („Wer bin ich?") wird für ihn zu der Frage, wie werde ich zu einem Subjekt gemacht. Für Foucault sind Subjekte aktive „Schaltstellen gesellschaftlicher Machtkämpfe", wobei sie keineswegs immer auch „souveräne Protagonisten" in diesem Geschehen sind (Bublitz 2014, S. 294). Sie sind weder Spielfiguren, die von anderen einfach positioniert werden können, noch autonome und völlig selbstbestimmte Akteur*innen. Subjekttheoretische Analysen können diese Spannungsverhältnisse zwischen Positioniert-werden und Sich-selbst-positionieren und die damit verbundenen Handlungs- und Einflussmöglichkeiten offenlegen. Subjektivierung kann verstanden werden „als das Ensemble der Kräfte, die auf die Einzelnen einwirken und ihnen nahelegen, sich in einer spezifischen Weise selbst zu begreifen, ein spezifisches Verhältnis zu sich selbst zu pflegen und sich in spezifischer Weise selbst zu modellieren und zu optimieren" (Bröckling 2012, S. 131).

3.4 Subjektivation in Schule und Unterricht

Subjekte formieren sich in sozialen, kulturellen bzw. geschichtlichen Zusammenhängen. Die Subjektivationsprozesse weisen drei Elemente auf: Erstens müssen Subjektformen in Interaktionen bestätigt werden: So kann ich mich zwar als Star oder Influencer fühlen, aber ich brauche andere, die mich in dieser Rolle bestätigen (z. B. kreischen, wenn sie mich sehen, meine VLogs anschauen). Zweitens ist mit den jeweiligen Subjektformen immer auch eine Platzierung in der gesellschaftlichen und sozialen Hierarchie verbunden. Diese ist wiederum eng verknüpft mit der sogenannten *Agency*, d. h. mit Handlungsvermögen. Es geht dabei um die (Ohn)Macht und (Un)Möglichkeit auf und in soziale(n) Situationen Einfluss nehmen zu können. Dies ist am Beispiel von Stella schon aufgeschienen. Ihr ist es nicht möglich, die Situation und damit die Zuschreibungen zu verändern. Drittens ist Subjektivation prinzipiell ein alltäglicher Vorgang, der eng mit Sprache zusammenhängt.

Im Unterrichtsgeschehen werden nicht nur gute oder schlechte Schüler*innen erzeugt, sondern zahlreiche verschiedene Schüler*innensubjekte, wobei die jeweilige Subjektposition die Teilnahme- und Teilhabemöglichkeiten am Unterricht mitbestimmt. Die empirische Forschung unterscheidet etwa zwischen „Hilfebedürftigen" und „Selbständigen" (Rabenstein et al. 2012; Wagener 2014), zwischen „Schnellen" und „Langsamen", zwischen „Zielstrebigen" und „Zerstreuten" (Rabenstein und Reh 2012) sowie zwischen „Wissenden" und „Unwissenden" (Reh und Labede 2009). Ebenso gibt es im schulischen Kontext eine Vielzahl feldspezifischer Positionen, z. B. die des „Strebers" (Breidenstein und Meier 2004), die des „hoffnungslosen Falls" (Zaborowski 2011, S. 273 ff.), die des „Hauptschülers" (Wellgraf 2012) oder die des „ordentlichen Kindes" (Heinzel und Eckermann 2015). Im Kern geht es bei diesen Zuschreibungen immer um eine Orientierung an Leistung (vgl. Kap. 4), die nicht nur am Wissen, sondern auch an anderen Dimensionen wie Selbständigkeit, Geschwindigkeit oder Zielorientierung festgemacht wird.

Am Beispiel eines einzigen Satzes einer Lehrkraft, den wir in der Studie *un/genügend fähig. Zur Herstellung von Differenz im Unterricht inklusiver Schulklassen* von Thorsten Merl (2019) gefunden haben, wollen wir Aspekte der Subjektivation im Rahmen der Schule vertiefend illustrieren. In seiner Studie untersucht Merl regenerative Auszeiten für Schüler*innen mit Förderbedarf in inklusiven Schulklassen. Dazu beschreibt er eine idealtypische alltägliche Formulierung, die von einer Lehrkraft in einem Interview geäußert wird. Sie beschreibt dabei, wie sie im Unterricht Schüler*innen mit Förderbedarf anspricht: „So ich merke, du kannst nicht mehr, also geh mal 'ne Runde flitzen" (S. 92). Eine Alltagsdeutung des Satzes könnte in etwa so lauten: Die Lehrkraft scheint nett zu sein, sie verhilft dem Schüler zu einer Pause. Sie diagnostiziert ein Problem („ich

merke, du kannst nicht mehr") und macht einen Lösungsvorschlag („geh mal 'ne Runde flitzen").
Wird dieser Satz nun als Subjektivationsgeschehen und als *Adressierungsakt* (vgl. Ricken und Reh 2014) begriffen, kann herausgearbeitet werden, welche Aufforderungen, als jemand zu sprechen, zu handeln und (an-)erkannt zu werden sich hier zeigen. Es ergeben sich dadurch weitere Deutungsmöglichkeiten (vgl. Merl 2019):

- Die Einschätzung der Lehrkraft ist das Maß der Dinge und nicht verhandelbar, denn hier wird nicht nachgefragt („Wie geht's?"), sondern festgestellt („Du kannst nicht mehr."). Auch die Lösung erscheint eher als Anweisung, denn als ein Vorschlag (alternativ: „Was wäre gut für dich?"). Die Deutungsmacht in dieser Situation liegt eindeutig bei der Lehrerin. Es ist zu vermuten, dass es für Schüler*innen schwierig sein dürfte, der Lehrerin zu widersprechen.
- Die Aussage der Lehrerin zeigt, dass die Teilnahme am Unterricht an die Fähigkeit gebunden ist, etwas zu können. Wer nichts tun kann, ist nicht (mehr) am richtigen Ort und soll an einen anderen Ort gehen und etwas anderes tun (flitzen kann man nicht im Klassenzimmer). Der Satz transportiert damit die Aussage, dass das im schulischen Kontext erwartete Handlungs- und Leistungsvermögen des Schülers eingeschränkt ist. Die Lehrkraft entbindet daher den Schüler in dieser Situation von diesen Anforderungen.
- Der Vorschlag führt also zu einer Unterscheidung zwischen dem leistungsmäßig eingeschränkten Schüler und den anderen, leistungsstärkeren Schüler*innen, die im Klassenraum verbleiben (dürfen). Die zugeschriebene Subjektposition als ‚schulisch eingeschränkt leistungsfähige Person' geht mit einer Sonderbehandlung einher.

Die aus dieser Analyse resultierenden (pädagogischen) Anfragen, Dilemmata und Konsequenzen werden wir im Anschluss an das nächste Beispiel diskutieren, das wir ebenfalls der Studie von Merl (2019) entnommen haben. Wir schauen nun, wie eine Auszeit im interaktiven Alltag eingeleitet wird:

Auszeit

Während eines Klassengesprächs zum Umgang mit dem Gasbrenner sagt Herr Roland: „Stopp, stopp mal kurz. Tom, schaffst du's oder brauchst du 'ne Auszeit?" Tom: „Äääh, brauch 'ne Auszeit". Herr Roland: „Gut, dann nimm sie dir". Tom: „Was?" Herr Roland: „Dann nimm sie dir, ab!" Eine Schülerin höre ich hieraufhin ein langgezogenes „ey" sagen und eine andere Schülerin sagt

3.4 Subjektivation in Schule und Unterricht

eher etwas leiser: „Ich brauch auch mal 'ne Auszeit". Jemand anderes ruft hieraufhin „Ich auch". Herr Roland sagt laut „pssscht. Die Andrea wollte was sagen" und führt damit das Klassengespräch fort. Tom verlässt währenddessen die Klasse. Sein Schulbegleiter folgt ihm. Sie kommen nach etwa 20 Minuten zurück (Merl 2019, S. 97).◄

Anders als im Beispiel von Stella scheint es sich nicht um eine identitätsverletzende und ausweglose Situation für Tom zu handeln. Ganz im Gegenteil. Der Lehrer ist fürsorglich und die anderen Schüler*innen ‚beneiden' Tom, der den Unterricht verlassen darf – nicht als Strafe, sondern als vorsorgende Schutzmaßnahme. Schauen wir daher auf die Interpretation von Merl (vgl. 2019, S. 88): Die Frage des Lehrers „schaffst du's" gehe mit dem Angebot einer Auszeit einher, die allerdings an eine Bedingung geknüpft ist, nämlich dass Tom „es" nicht schafft. Tom wird vom Lehrer als nicht leistungsfähig genug subjektiviert und Tom bestätigt mit seiner Reaktion die ihm zugewiesene Position. Für die anderen Schüler*innen gilt dieses Angebot nicht, auch wenn sie ihr Interesse daran zum Ausdruck bringen. Damit ist klar: Für ihn gelten andere Verhaltensregeln und Leistungsanforderungen als für den Rest der Klasse. Weil nicht die ganze Klasse entbunden wird, sondern nur der angesprochene Schüler, kann also offenbar nur er die geforderte unterrichtliche Anforderung nicht erfüllen. Er ist also in dieser Situation als jemand angesprochen, der – anders als andere, also in einer relativen Differenz zu ihnen – nicht ausreichend fähig ist, am Unterricht teilzunehmen. Die Differenzlinie wird hier laut Merl zwischen „Können und Nicht-Können" und zwischen „un/genügend fähig" gezogen. Der Schüler wird mit dieser Adressierung als jemand anerkannt, der nur ungenügende Fähigkeiten der Unterrichtsteilnahme besitzt und sich darin von den anderen Schüler*innen unterscheidet. Für sie gilt: ihr schafft es und müsst also auch weiter arbeiten!

Toms besonderer Status zeigt sich letztlich noch daran, dass ihm wie selbstverständlich ‚sein' Schulbegleiter folgt. Dies ist ein weiterer Ausweis seiner Andersartigkeit. Merl selbst macht an diesem Beispiel auf ein Dilemma der institutionalisierten pädagogischen Praxis aufmerksam. Lehrkräfte kommen „nicht umhin, zuzuschreiben und zu entscheiden, ob Aktivitäten der Schüler*innen im Unterricht auf ungenügender (*Nicht-Können*) oder aber auf genügender Leistungs- und Handlungsfähigkeit (*Können*) beruhen." (ebd., S. 81, Hervorhebung im Original). Er stellt heraus, dass Fähigkeiten von Schüler*innen für Lehrkräfte individuelle Dispositionen und Eigenschaften sind. Die Freistellung und Reduktion von Anforderung erscheinen als unumgänglich und legitim. Für den Schüler Tom hingegen sind in diesem Moment keine Teilhabemöglichkeiten am Unterricht gegeben.

Das nächste Fallbeispiel stammt aus der 8. Klasse einer Integrierten Gesamtschule. Eine Lehrerin gibt einen Test zurück, der aus ihrer Sicht nicht gut ausgefallen ist. Welche Subjektivierungspraktiken sind hier zu sehen und welche Effekte werden durch diese erzeugt?

Testrückgabe

Frau Richter: „So, ich gebe euch jetzt ganz schnell ohne große Kommentare euern Test zurück, ja natürlich, wie kann's anders sein, wie alle letzten Leistungen: gruselig ausgefallen. [Bruno: „Oh nein."] Ihr habt im Verlauf der Stunde folgende Aufgabe zu lösen: Wir werden keine zweite Klassenarbeit schreiben, wir werden in der heutigen Stunde eine Ersatzleistung für diese Klassenarbeit bringen, ihr bekommt alle von mir ein Aufgabenblatt, [Bruno: „Neiiin."] und auf diesem Aufgabenblatt steht drauf, was ihr zu tun habt. [… Auslassung] Ich gebe die (3 sec. Pause) Leistungskontrollen dann aus, ich sage nur mal schnell, auf die Schnelle, 7f, 7f, Pia 5, Janis 5, Robin 3, Artur 3, Leyla 5, Isabell 3, Ida hat nicht mitgeschrieben, Tilda 6, Nick 4, Simon 4, Emil 5, Enrico 5, Bruno ne 3, Lotte 5, Toni 6, Mina 4, Levi 5, Antonia 2, Linus 3, Mika. 4, Julian 6, Merle 1, Mats 5 und Adam 4. (1 sec.) Ich sage dazu nur folgendes: Es hat kaum etwas mit Können zu tun, sondern es hat etwas mit Fleiß zu tun. (1 sec.) Und ich habe es euch schon hundert Mal gesagt, solche Begriffe wie autotroph und heterotroph muss man beherrschen, man muss wissen was autotroph heißt, man muss wissen, was heterotroph heißt, und man muss wissen von welchen Stoffen sich die entsprechenden Lebewesen ernähren (sehr laut:) Lotte pack das weg! (2 sec.) Ich kann mich nicht erinnern, dass Du eine 1 geschrieben hättest. (3 sec.) [Bruno atmet tief ein und aus.] Und wenn ich den Müll höre bei dem Lückentext, der da eingesetzt wurde, dann sträuben sich mir die Haare zu Berge, es ist so. Also überdenkt es in Ruhe und zieht die Schlussfolgerungen für's nächste Schuljahr daraus, mehr sag ich dazu nicht. Und Bruno fängt vielleicht mal langsam an mit Stoppuhr zu üben. [Bruno zustimmend: „Hm."] Das ist eindeutig zu langsam. Das wird nix, je älter Du wirst, es wird immer schlimmer, bei dem Arbeitstempo. Du musst schneller werden. Wenn Du zuhause Hausaufgaben erledigst, schätze vorher ein, wie lange brauch ich das und dann stell deine Uhr, dass die nach der Zeit hupt und dann guck, wie weit bist Du gekommen, anders kannst Du es nicht trainieren. Du musst nach Zeit anfangen zu trainieren. Sonst nimmt das ein ganz böses Ende." Bruno brummend: „Tja." Ein Schüler von vorn flüstert ihm zu, dass er wirklich mal 'ne Uhr nehmen soll. Bruno darauf: „Das

3.4 Subjektivation in Schule und Unterricht 51

weiß ich selber, was denkst Du, was ich zuhause mache?!" (unveröffentlichter Protokollausschnitt von Michael Meier).◄

Der Ethnograf sitzt in unmittelbarer Nähe zu Bruno und beobachtet, wie die Schüler*innen auf die ‚Generalschelte' der erbosten Lehrerin reagieren. Sie zeigen sich wenig überrascht, bestätigt die Rede doch im Grunde nur das bestehende (Selbst-)Bild der Klasse. Sie sind Wiederholungstäter*innen und liefern Leistungen, die nicht mehr normgerecht sind und das Fürchten lehren („gruselig"). Interessant ist hierbei, dass im „Akt der Subjektkonstitution" (Fritzsche 2012, S. 199) eine ganze Klasse adressiert wird: Sie ist die faule Klasse! So kann das schlechte Ergebnis (bei 23 Schüler*innen: eine Eins, eine Zwei, fünf Dreien, fünf Vieren, acht Fünfen und drei Sechsen) erklärt und legitimiert werden.

Erstaunlich ist, dass sich für Bruno die Situation als prekär erweist. Schließlich ist mit seiner Note 3 eigentlich eine annehmbare Leistung erbracht. Trotz alledem wird prognostiziert, dass es „ein ganz böses Ende" nehmen wird. Bruno wird zu einem Subjekt gemacht, das zu langsam arbeitet und nicht veränderungswillig ist. Würde er an seinem Problem ernsthaft arbeiten, so müsste er doch viel schneller sein! Die Ansprache ist so wirkungsvoll, dass sich sogar ein Mitschüler berufen fühlt, die Lehrerin in ihrer Einschätzung zu unterstützen. In der Schule entfalten Adressierungspraktiken besondere Effekte, weil sie immer vor Publikum, im Kontext eines ‚öffentlichen' Schauplatzes vollzogen werden und von diesem Publikum bestätigt und verfestigt werden können (vgl. Kap. 4 und 5). Die Lehrerin und der Mitschüler ziehen hier ‚am gleichen Strang'. Zwar versucht Bruno sich gegen die Positionierung als langsam und nachlässig zu wehren, da er aber nicht laut und klassenöffentlich bekundet, dass die Therapie nicht hilft – wie wollte er das auch belegen? – kann er dem entworfenen Bild an dieser Stelle nichts entgegensetzen. Er bleibt, ebenso wie Stella, ohnmächtig. Für ihn gibt es keine Korrekturmöglichkeit, obwohl eine Diskrepanz zwischen der Zuschreibung (nachlässig) und der Selbstwahrnehmung bzw. der Selbstdarstellung (um Verbesserung bemüht) deutlich wird.

Die Fallbeispiele zeigen, dass insbesondere durch sprachliche Äußerungen Schüler*innen als Subjekte sozial positioniert werden. Adressierungsinteraktionen erweisen sich vor allem dann als bedeutsam, wenn sie wiederholt stattfinden und sich auf das Selbstkonzept auswirken. Der Begriff des Selbstkonzepts entstammt der Entwicklungspsychologie. Gemeint ist damit das Wissen, das eine Person über sich hat.

▶ **Selbstkonzept** „Das Selbstkonzept besteht als kognitive Komponente des Selbst aus der Selbstwahrnehmung und dem Wissen um das, was die eigene

Person ausmacht. Neben persönlichen Eigenschaften und Fähigkeiten, die man besitzt, gehören zu diesem Wissen auch Neigungen und typische Verhaltensweisen" (Lohaus et al. 2010, S. 165).

Wir wollen am Beispiel eines Interviews mit einem Schüler einer 8. Klasse verdeutlichten, wie sich Subjektpositionen verfestigen und auf die Unterrichtsteilnahme auswirken können.

Bert

Interviewer:	Meldest du dich öfter?
Bert:	Na, kommt drauf an, eigentlich nicht so oft. Wenn ich…
Interviewer:	Meldest du dich immer, wenn du was weißt oder, oder nicht immer?
Bert:	Na ja, es kommt ja eigentlich auch schon darauf an, weil ich hab früher, jetzt momentan, weil ich eben so schlecht bin, sagen die meisten auch schon „Bert, du weißt ja mal was, na, wenn das mal nicht falsch ist!" und seitdem hab ich mir eigentlich auch ziemlich abgewöhnt, ähm, weniger mich zu melden und so
Interviewer:	Wer macht solche Sprüche?
Bert:	Na ja, Frieder, oder ähm, Simon, (.) also, die meisten meisten. Klaus, weiß nicht, jetzt geht's eigentlich, aber, deswegen melde ich mich eigentlich nicht mehr so oft, wenn ich was weiß
Interviewer:	Ist dir zu riskant?
Bert:	Na ja, so riskant, ja, ähm, wenn ich dann doch mal was Falsches sage, lachen sie, obwohl, wenn sie mal was Falsches sagen, tut das auch keiner, wenn Frieder zum Beispiel, ähm, mal was Falsches sagt, lacht kein Schwein, weil wenn der mal, wenn da mal jemand lachen würde, würde der gleich eine draufkriegen (unveröffentlichter Protokollausschnitt von Georg Breidenstein)

◀

Besonders bedeutsam sind für Bert die Reaktionen der Peers (vgl. Kap. 5). In der Konsequenz reduziert er nach eigenen Angaben seine mündliche Teilnahme. Berts Wissen über sich selbst besteht hier aus zwei Elementen: er ist ein schlechter Schüler und er wird für seine Fehler ausgelacht.

Unsere Fallbeispiele zeigen, dass Subjektpositionen und Selbstkonzepte aus Interaktionen hervorgehen. Dadurch ist vielleicht der Eindruck entstanden, dass Subjektivität vor allem etwas ist, das wir von anderen erhalten. Vor allem die amerikanische Philosophin Judith Butler (2001) hat jedoch darauf aufmerksam gemacht, dass es prinzipiell möglich ist, Zuschreibungen abzulehnen.

Beispiel

7. Klasse. Tonne wird von der Lehrerin gemaßregelt. Er soll aufstehen. Tonne steht auf, grinst dabei und grüßt die Lehrerin militärisch (Hand an die Schläfe). Die Lehrerin ermahnt ihn erneut. Tonne verspricht alles, was die Lehrerin von ihm will. Grüßt erneut militärisch und setzt sich wieder (unveröffentlichter Protokollausschnitt von Michael Meier).◄

Am Beispiel des Schülers Tonne ist zu sehen, wie Adressierungen kreativ gewendet und beantwortet werden können. Der Gag der Szene liegt darin, dass der militärische Gruß, der im Ursprung eine soldatische Ehrbezeugung ist, im falschen Kontext Schule einen ironischen Klang erhält. Die Ironie ist durchaus tiefgründig, denn Tonnes Darstellung einer militärischen Unterordnung unter ‚seine Kommandant*in' spielt mit dem Widerspruch, dass das Bildungssystem Schüler*innen zu Autonomie und Selbständigkeit zu führen sucht, aber eben doch auch Unterordnung und Nichtselbständigkeit einfordert. Abschließend nehmen wir eine letzte Wendung.

3.5 „Doing image"

Während der Begriff der Adressierung die Machtförmigkeit einer Anrufung als ein bestimmtes Subjekt betont, verweist der Begriff des Images auf Strategien von Personen, Interaktionssituationen in ihrem Sinne zu gestalten. Der Begriff Image als soziologischer Begriff geht auf Goffman zurück, der ihn wie folgt definiert:

▶ **Image** „Der Terminus Image kann als der positive soziale Wert definiert werden, den man für sich durch die Verhaltensstrategie erwirbt, von denen die anderen annehmen, man verfolge sie in einer bestimmten Interaktion. Image ist ein in Termini sozial anerkannter Eigenschaften umschriebenes Selbstbild [z. B. gute Schüler*in, gottesfürchtiger Mensch, krasser Punk, hilfsbereite Freundin, d. A.] – ein Bild, das die anderen übernehmen können" (Goffman 1986, S. 10).

Nach Goffman sind Menschen in der Lage, sich durch ‚richtiges' Verhalten ein (positives) Image zu geben. Solche Verhaltensstrategien fasst er unter dem Begriff Techniken der *Imagepflege* (impression management) zusammen. Ein Image verpflichtet Personen gemäß ihres Images zu handeln und bestimmte Handlungen nicht auszuführen, die im Widerspruch zum (angestrebten) Image stehen. So kann beispielsweise eine Schülerin ihr Image als gute Schülerin gefährden, wenn sie im Unterricht desorientiert und unaufmerksam ist, lustlos wirkt und sich nicht mehr für Noten interessiert. Ein Image verpflichtet also dauerhaft darauf, bestimmte Handlungen in einer ganz bestimmten Art und Weise auszuüben und andere Handlungen zu unterlassen. Andersherum können durch Verhaltensänderungen auch neue Images angestrebt und sukzessive aufgebaut werden, sofern diese Handlungen von den Interaktionsteilnehmer*innen bestätigt und im Interaktionsprozess stabilisiert werden.

▶ **Doing comedian** Mathestunde, 9. Klasse. Gelegentlich steht Tonne auf und zieht sich seine Hose hoch. Er greift sich dabei tief in die Hosentaschen und ruckelt irgendwie in seiner Hose herum. Es scheint, als wolle er durch seine Show vermitteln, dass es ein hoffnungsloses Unterfangen sei, sein übergroßes Gemächt in einer Boxershort positionieren zu wollen. Yvette ruft, dass er ja ne Sau sei, er solle damit aufhören! Aber Tonne lässt sich nicht beirren. Nein! Nur! Die Hose säße so schlecht und er müsste sie jetzt einfach richtig machen. Standhaft zuppelt er sich in seiner Hose herum. [Auslassung im Protokoll, die Stunde schreitet weiter voran.] Nele beobachtet, was die anderen so tun. Tonne läuft wie ein Psychopath durch die Klasse und haut (grandios geschauspielert) mit seinem Kopf dauernd vor den Schrank. Yvette ruft mir zu: „Herr Meier. Würden Sie uns empfehlen, mal in ner Klapse vorbei zu gucken?" (Bennewitz et al. 2015, S. 298).

Wir wollen die Szene unter der Perspektive betrachten, dass Tonne hier an seinem Image arbeitet. Ihm ist es wieder einmal gelungen, Bühnen (vgl. Kap. 2 und 5) herzustellen und für Abwechslung im Unterricht zu sorgen. Er bestätigt hier sein Image als Comedian – wie macht er das? Er zeigt zunächst ein Verhalten, das sicherlich jenseits dessen liegt, was man gemeinhin unter guten Manieren versteht. Es handelt sich vielmehr um ein gut platziertes Fehlverhalten, denn wortstark echauffiert sich sogleich Yvette. Der Unterricht wird zur Nebensache und die Aufmerksamkeit der Umsitzenden ist Tonne gewiss. Am Ende der Stunde gibt es nochmals eine Kostprobe von Tonnes Können: Mit dem Kopf schlägt er immer wieder vor den Klassenschrank. Unwillkürlich fragt man sich als Beobachter dieses Geschehens, ob er sich bei seiner Inszenierung nicht verletzt hat:

Fließt irgendwo Blut? Hat er Schmerzen? Aber auch: Ist er jetzt völlig verrückt geworden?

Die spektakuläre Show ist dem Image dienlich. Goffman zufolge sind die meisten Menschen emotional eng mit ihrem Image verbunden; sie empfinden es als Verpflichtung, in Interaktionssituationen entsprechend ihrem Image zu handeln. Images können nämlich nur dann bewahrt werden, wenn Personen auch gemäß ihrem Image handeln. Die außergewöhnlichen Maßnahmen sind von Tonne also sinnvoll ergriffen, wenn es ihm darum geht, sein Image als außergewöhnlicher, furchtloser Selbstdarsteller und Comedian zu bestätigen. Würde Tonne mit seinem Handeln dauerhaft gegen den Codex des Spaßmachers verstoßen, so würde er sein (gutes) Image als Spaßmacher verlieren und gegebenenfalls zum Langweiler oder gar Musterschüler werden. Am Beispiel von Tonne ist unschwer zu erkennen, dass sich nicht alle Images mit der Schüler*innenrolle bzw. dem Schüler*innenjob gut vertragen (vgl. dazu Kap. 2).

Etwas anders verhält es sich im Fall von Greta, die das Image einer leistungsstarken Schülerin anstrebt. Die folgenden Beobachtungen entstammen einer 5. Klassenstufe an einem Gymnasium. Die Klasse hat sich erst jüngst formiert.

Doing high-performance

(1) Die hinter Hermann sitzende Greta meldet sich ohne Unterlass. Laura kommt dran, Greta stöhnt leise vor Enttäuschung, dass sie nicht dran kommt. (Mathematik, 13. Sept. 05)

(2) Nun also the „second homework". „Ihr solltet vier Aufgaben…", setzt Frau Schütze an. „Fünf!" wird sie von einem mehrstimmigen Schülerchor unterbrochen. Greta meldet sich und kommt dran. „Hab' ich nicht so verstanden…" setzt Greta an. — „Musst Du besser zuhören!", lässt Frau Schütze Greta wissen: „Ich hatte fünf gesagt!" Greta halblaut und stolz: „Ich hab zehn gemacht!" (Aber ob es die Lehrerin vernommen hat, vermag ich nicht zu sagen. Vermutlich nicht.) (Englisch, 13. Sept. 05)

(3) Dann fragt die Lehrerin in die Klasse: „Wer hatte 10 Richtige?" Fünf Arme fliegen hoch. „Wer hatte 9 oder 8 richtig?" Elf Arme. „Wer hat 7 richtige?" Laura meldet sich. „Laura, kann passieren", sagt Frau Sommer mit nettem Tonfall. „Wer hat 6? Wer hat 5?" Hermann meldet sich. Greta stöhnt von hinten: „Ach Hermann." Die Lehrerin findet hingegen nettere Worte: „Das ist nicht so schlimm." (Mathematik, 13. Sept. 05) (Meier 2015, S. 69 f.).◄

Die Schülerin Greta versucht sich hier als eine leistungsstarke Schülerin darzustellen. Sie zeigt sich enttäuscht, versucht herauszustellen, dass sie mehr als die erforderlichen Aufgaben angefertigt hat und dass sie besser ist als Hermann, der für sie eine Art hoffnungsloser Fall zu sein scheint. In einer hier nicht abgebildeten Szene dominiert sie einen Gruppenarbeitsprozess, indem sie ihren Mitschüler*innen Aufgaben und sich einhergehend selbst eine leitende Position zuweist. Diese Praktiken (vgl. Kap. 2) von Greta können als ein Versuch verstanden werden, sich das Image einer guten Schüler*in zu geben. Allerdings zeigt sich, dass es nicht genügt, sich als leistungsstark zu inszenieren – man muss es eben auch sein. Man muss die richtigen Antworten geben und die eingeforderten Produkte wie Plakate, Tests und Klassenarbeiten in einer (sehr) guten Qualität zum richtigen Zeitpunkt herstellen.

Im Laufe des ersten Schulhalbjahres am Gymnasium stellt sich heraus, dass Greta eher zum Mittelfeld der Klasse, nicht aber zu den leistungsstärksten Schüler*innen gehört. Durch die fortlaufenden teilnehmenden Beobachtungen in dieser Klasse konnten wir sehen, dass Greta ihr Verhalten aus der 5. Klasse aufgegeben hat. Etwa ab Klasse 6 ist eine andere Greta zu sehen: eine unauffällige, stille Schülerin. Gretas Image-Versuch als sehr gute Schüler*in war gescheitert und sie musste ein neues Verhalten sowie ein neues Image annehmen.

Fazit und pädagogische Implikationen
In diesem Kapitel ging es darum, die Verschiedenheit von Schüler*innen zu betrachten. Es wurde gezeigt, wie Unterschiede zwischen Schüler*innen theoretisch eingeordnet und verstanden, in sozialen Situationen hervorgebracht und untersucht werden können. Zentral ist in diesem Kapitel die Annahme gewesen, dass Verschiedenheit von Schüler*innen konstruiert, d. h. in konkreten Interaktionsprozessen, hervorgebracht wird und Unterschiede durch Vergleiche erzeugt werden. Das begriffliche Repertoire, mit dem die Verschiedenheit von Schüler*innen betrachtet werden kann, erweist sich dabei als sehr reichhaltig. Es gibt verschiedene Disziplinen und wissenschaftliche Traditionslinien, die sich – jeweils aus einer bestimmten Zeit und Perspektive heraus und nicht immer trennscharf – mit ähnlichen Phänomenen beschäftigen.

Im schulischen Kontext sind Differenzen vor allem am Kriterium der Leistung orientiert (vgl. Kap. 4). Die Fallbeispiele haben illustriert, dass das Konstruktionsgeschehen machtvoll ist. Zum einen zeigte sich, dass in Interaktionen zwischen Lehrkräften und Schüler*innen, aber auch zwischen Schüler*innen stets und ständig adressiert, zugeschrieben und subjektiviert wird. Dieses vor allem an Sprache gebundene Geschehen positioniert die beteiligten Akteur*innen hierarchisch (z. B.

3.5 „Doing image" 57

leistungsstark/leistungsschwach, Außenseiter, Comedian), kann sich auf die Selbstkonzepte auswirken und Handlungs- und Teilhabemöglichkeiten eröffnen oder begrenzen.

Wird die Verschiedenheit von Schüler*innen in einer sozial-konstruktivistischen Perspektive betrachtet, wird der Umgang mit Heterogenität offenbar nicht einfacher (vgl. Budde 2012; Ricken et al. 2014). Was man gewinnt, wenn man Differenzen nicht als Eigenschaften oder kognitive Dimensionen betrachtet, liegt aber auf der Hand: Es geht darum, die Effekte und ungewollten Nebenwirkungen zu reflektieren, die die Herstellung von Differenz – als Teil des pädagogischen Handelns – entfalten. Dabei zeigt sich, dass Differenzen, die im Unterricht pädagogisch und didaktisch bearbeitet werden sollen, zunächst Konstruktionen des eigenen Handelns bzw. Resultat interaktiver Prozesse des Unterrichts selbst sind. Dem Anspruch aktueller pädagogischer Diskurse und der Schulgesetzgebung folgend, liegt der Umgang mit Heterogenität in der individuellen Förderung von Schüler*innen. Theoretisch führt diese Forderung dazu, dass weitere Differenzen unter den Schüler*innen erzeugt werden, worauf wiederum mit individuellen Angeboten reagiert werden müsste. Das wäre ein unendlich fortführbarer Prozess einer pädagogischen Ausdifferenzierung, der sich weder als sinnvoll noch als praktikabel erweisen dürfte. Unabhängig davon, wie der Idee einer individuellen Förderung nachgekommen wird, entkommt aber auch individualisierter Unterricht nicht dem Problem der starken Selektions- und Leistungsorientierung des deutschen Schulsystems. Der Zwang Schüler*innen unter Leistungsgesichtspunkten zu benoten und als Leistungssubjekte zu subjektivieren kann auch nicht durch noch so feinsinniges pädagogisches Handeln überwunden werden, da es – um es mit einem gewendeten Zitat des Philosophen und Soziologen Theodor W. Adorno zu sagen – kein ‚richtiges' pädagogisches Handeln in einem ‚falschen' Bildungssystem geben kann.

Fragen

In welchen konkreten Situationen adressieren Lehrkräfte ihre Schüler*innen? Finden Sie Beispiele und diskutieren Sie die Konsequenzen für die Schüler*innen und auch mögliche Handlungsalternativen.

Diskutieren Sie die Folgen, wenn Lehrkräfte Schüler*innen als „Problemschüler" oder „Inklusionsschüler" bezeichnen.

Was müsste passieren, damit sich Subjektpositionen oder Images von Schüler*innen (wie etwa Außenseiterin, Streberin, Klassenclown, die Schüchterne) verändern?

Was bedeutet die Erkenntnis, dass Verschiedenheit Ergebnis sozialer Konstruktionen ist, für Ihr zukünftiges Handeln als Lehrer*innen? Oder anders gefragt: Wie soll man als Lehrkraft Schüler*innen adressieren, wenn man Schüler*innen nicht nicht adressieren kann?

▶ **Literatur zur Vertiefung**

- Boer, H. de (2009). Von der Konstruktion des „normalen Schülers" zur Rekonstruktion der kindlichen Perspektive. In H. de Boer, & H. Deckert Peaceman (Hrsg.), *Kinder in der Schule. Zwischen Gleichaltrigenkultur und schulischer Ordnung* (S. 209–228). Wiesbaden: Springer VS.
- Kahlke, C. (2016). *Schülerstereotype. Soziale Beziehungen in der schulischen Peer Group*. Wiesbaden: Springer.
- Leonhardt, T., Lüthi, K., Betschart, B., & Bühler, T. (2019). Bewährung im ‚Normengewitter'. Zur Adressierung Studierender im Praktikumsbesuch. *Zeitschrift für interpretative Schul- und Unterrichtsforschung 8*, 95–111.
- Wischer, B., & Trautmann, M. (2019). Schultheoretische Anfragen zum pädagogisch-normativen Heterogenitätsdiskurs. In C. Fischer, & P. Platzbecker (Hrsg.), *Gibt es den normalen Schüler (noch)? Schule und Unterricht mit Diversität umgehen. Münstersche Gespräche zur Pädagogik*, Bd. 35 (S. 23–39). Münster: Waxmann.

Literatur

Abels, H. (2017). *Identität. Über die Entstehung des Gedankens, dass der Mensch ein Individuum ist, den nicht zu verwirklichenden Anspruch Individualität und Kompetenzen, Identität in einer riskanten Moderne zu finden und zu wahren* (3. aktualisierte und erweiterte Aufl.). Wiesbaden: Springer VS.

Althusser, L. (1977). *Ideologie und ideologische Staatsapparate. Aufsätze zur marxistischen Theorie*. Hamburg: VSA.

Ameling, S. (2015): *Peergroups und Zugehörigkeit. Empirische Rekonstruktionen und ungleichheitstheoretische Reflexionen*. Wiesbaden: Springer VS.

Bennewitz, H., Breidenstein, G., & Meier, M. (2015): Zum Verhältnis von Peerkultur und Schulkultur. In J. Böhme, M. Hummrich, & R.-T. Kramer (Hrsg.). *Schulkultur: Theoriebildung im Diskurs* (285–305). Wiesbaden: Springer VS.

Bennewitz, H., & Hecht, M. (2018). „Zu einer ganzen Person gemacht werden". Persönlichkeitsbildung im Morgenkreis in praxistheoretischer Perspektive. In J. Budde, & N. Weuster (Hrsg.), *Erziehung in der Schule. Persönlichkeitsbildung als Dispositiv* (S. 179–200). Wiesbaden: Springer VS.

Literatur

Bergmann, J. R. (1981). Ethnomethodologische Konversationsanalyse. In P. Schröder, & H. Steger (Hrsg.), *Dialogforschung: Jahrbuch 1980 des Instituts für deutsche Sprache* (S. 9–51). Düsseldorf: Schwann.

Berger, P., & Luckmann, T. (1969, 1989). *Die gesellschaftliche Konstruktion der Wirklichkeit. Eine Theorie der Wissenssoziologie.* Frankfurt a. M.: Fischer Taschenbuch Verlag.

Bichler, T. (1995). Stigmatisierung. In D. Lenzen (Hrsg.), *Pädagogische Grundbegriffe. Bd. 2: Jugend bis Zeugnis* (3. Aufl., S. 1449–1453). Reinbek bei Hamburg: Rowohlt.

Bräu, K., & Schlickum, C. (2015). Soziale Konstruktionen in Schule und Unterricht – eine Einführung. In ebd. (Hrsg.), *Soziale Konstruktionen in Schule und Unterricht. Zu den Kategorien Leistung, Migration, Geschlecht, Behinderung, Soziale Herkunft und deren Interdependenzen* (S. 17–32). Opladen: Barbara Budrich.

Breidenstein, G., & Meier, M. (2004). „Streber" – Zum Verhältnis von Peer Kultur und Schulerfolg, *Pädagogische Rundschau 58* (5), 549-563.

Bröckling, U. (2012). Der Ruf des Polizisten; Die Regierung des Selbst und ihre Widerstände. In R. Keller, W. Schneider, & W. Viehover (Hrsg.), *Diskurs – Macht – Subjekt* (S. 131–144). Wiesbaden: Springer VS.

Bublitz, H. (2014). Subjekt. In C. Kammler, R. Parr, & U. J. Schneider (Hrsg.), *Foucault Handbuch. Leben – Werk – Wirkung. Sonderausgabe* (S. 293–296). Stuttgart: J.B. Metzler Verlag.

Budde, J. (2006). Wie Lehrkräfte Geschlecht (mit)machen – doing gender als schulischer Aushandlungsprozess. In S. Jösting, & M. Seemann (Hrsg.), *Gender und Schule. Geschlechterverhältnisse in Theorie und schulischer Praxis* (S. 45–60). Oldenburg: Bis-Verlag.

Budde, J. (2012). Die Rede von der Heterogenität in der Schulpädagogik. Diskursanalytische Perspektiven. *Forum Qualitative Sozialforschung 13* (2), Art. 16.

Butler, J. (2001). *Psyche der Macht. Das Subjekt der Unterwerfung.* Frankfurt a. M.: Suhrkamp.

Eckermann, T. & Heinzel, F. (2015). Kinder als Akteure und Adressaten? – Praxistheoretische Überlegungen zur Konstitution von Akteuren und (Schüler-) Subjekten. Zeitschrift für Soziologie der Erziehung und Sozialisation (ZSE), 1, 25-38.

Erikson, E. (1973). *Identität und Lebenszyklus.* Frankfurt a. M.: Suhrkamp.

Foucault, M. (1977). *Überwachen und Strafen.* Frankfurt a. M.: Suhrkamp.

Fritzsche, B. (2012). Subjektivationsprozesse in Domänen des Sagens und Zeigens. Butlers Theorie als Inspiration für qualitative Untersuchungen des Heranwachsens von Kindern und Jugendlichen. In N. Ricken, & N. Balzer, (Hrsg.), *Judith Butler. Pädagogische Lektüren* (S.181–205). Wiesbaden: Springer VS.

Gellert, U., & Hümmer, A.M. (2008). Soziale Konstruktion von Leistung im Unterricht. *Zeitschrift für Erziehungswissenschaft 2,* 288–311.

Goffman, E. (1975). *Stigma. Über Techniken der Bewältigung beschädigter Identität.* Frankfurt a. M.: Suhrkamp.

Goffman, E. (1986). *Interaktionsrituale. Über Verhalten in direkter Kommunikation.* 4. Aufl. Frankfurt a. M.: Suhrkamp.

Honneth, A. (1994). *Kampf um Anerkennung. Zur moralischen Grammatik sozialer Konflikte.* Frankfurt a. M.: Suhrkamp.

Koller, H.-C., Casale, R., & Ricken, N. (Hrsg.). (2014). *Heterogenität. Zur Konjunktur eines pädagogischen Konzepts.* Paderborn: Schöningh.

Kleeberg-Niepage, A. (2021). Entwicklung. Eine Einführung. In H. Bennewitz, A. Kleeberg-Niepage, & S. Rademacher (Hrsg.), *Module Erziehungswissenschaft*, Bd. 2. Wiesbaden: Springer VS Verlag.
Kluge (2011). *Etymologisches Wörterbuch der deutschen Sprache. Bearbeitet von Elmar Seebild* (25., durchgesehene und erweiterte Aufl.). Berlin: De Gruyter.
Link, B. G., & Phelan, J. C. (2001). Conceptualizing Stigma. *Annual Review of Sociology 27*, 363-385.
Lohaus, A., Vierhaus, M., & Maass, A. (2010). *Entwicklungspsychologie des Kindes- und Jugendalters*. Heidelberg: Springer.
Mecheril, P., & Plößer, M. (2009). Differenz. In S. Andresen (Hrsg.), *Handwörterbuch Erziehungswissenschaft* (S. 194-208). Weinheim: Beltz.
Mecheril, P., & Plößer, M. (2012). Iteration, Verwerfung und Melancholie. Identität bei Butler als Mangel(ver)waltung. In N. Balzer, & N. Ricken (Hrsg.), *Judith Butler. Pädagogische Lektüren* (S. 125–148). Wiesbaden: VS-Verlag.
Meier, M. (2015). Greta oder über die Praktiken des Schulerfolgs. In K. Bräu & Chr. Schlickum (Hrsg.), *Soziale Konstruktion im Kontext von Schule und Unterricht* (S. 65–78). Opladen: Barbara Budrich.
Merl, Th. (2019). *un/genügend fähig. Zur Herstellung von Differenz im Unterricht inklusiver Schulklassen*. Bad Heilbrunn: Julius Klinkhardt.
Prammer-Semmler, E. (2017). Heterogenität. In K. Ziemen (Hrsg.), *Lexikon Inklusion* (S. 91-92). Göttingen: Vandenhoeck & Ruprecht.
Rabenstein, K., & Reh, S. (2009). Die pädagogische Normalisierung der ‚selbständigen Schülerin' und die Pathologisierung des ‚Unaufmerksamen'. Eine diskursanalytische Skizze. In J. Bilstein, & J. Ecarius (Hrsg.), *Standardisierung – Kanonisierung. Erziehungswissenschaftliche Reflexionen* (S. 159–180). Wiesbaden: VS Verlag für Sozialwissenschaften.
Rabenstein, K., & Reh, S. (2012). Normen der Anerkennbarkeit in pädagogischen Ordnungen. Empirische Explorationen zur Norm der Selbständigkeit. In N. Ricken, & N. Balzer (Hrsg.), *Judith Butler: Pädagogische Lektüren* (S. 225–246). Wiesbaden: Verlag für Sozialwissenschaften.
Rabenstein, K., Reh, S., & Steinwand, J. (2012). Praktiken gegenseitiger Hilfe im individualisierten Unterricht. Welche Positionen nehmen Schüler(innen) ein und welche Gefahren können damit verbunden sein? *Pädagogik 64* (6), 32–35.
Reh, S., & Labede, J. (2009). Soziale Ordnung im Wochenplanunterricht. In H. de Boer, & H. Deckert-Peaceman (Hrsg.), *Kinder in der Schule* (S. 159–176). Wiesbaden: VS Verlag für Sozialwissenschaften.
Reich, K. (2002). *Konstruktivistische Didaktik. Lehren und Lernen aus interaktionistischer Sicht*. Kriftel: Luchterhand.
Ricken, N., & Reh, S. (2014). Relative und radikale Differenz – Herausforderung für die ethnographische Forschung in pädagogischen Feldern. In A. Tervooren, N. Engel, M. Göhlich, I. Miethe, & S. Reh (Hrsg.), *Ethnographie und Differenz in pädagogischen Feldern. Internationale Entwicklungen erziehungswissenschaftlicher Forschung* (S. 25–46). Bielefeld: transcript.
Rose, N., & Koller, H.-C. (2012). Interpellation – Diskurs – Performativität. Sprachtheoretische Konzepte im Werk Judith Butlers und ihre bildungstheoretischen Implikationen. In

N. Ricken (Hrsg.), *Judith Butler: pädagogische Lektüren* (S. 75–94). Wiesbaden: Springer VS.

Syring, M., Brinkmann, L., Weiß, S., & Kiel, E. (2020). „Das muss am Gymnasium schneller gehen": Eine praxeologisch-wissenssoziologische Rekonstruktion von „Zeit" im Kontext von Differenzierungspraktiken im Gymnasialunterricht. In E. Schilling, & M. O'Neill (Hrsg.), *Einführung in die interdisziplinäre Zeitforschung – Frontiers in Time Research* (S. 235–262). Wiesbaden: Springer VS

Wagener, M. (2014). *Gegenseitiges Helfen: soziales Lernen im jahrgangsgemischten Unterricht.* Wiesbaden: Springer VS.

Wellgraf, S. (2012). *Hauptschüler. Zur gesellschaftlichen Produktion von Verachtung.* Bielefeld: transcript.

Wenning, N. (2007). Heterogenität als Dilemma für Bildungseinrichtungen. In S. Boller, E. Rosowski, & T. Stroot, (Hrsg.), *Heterogenität in Schule und Unterricht* (S. 21–31). Weinheim: Beltz.

West, C., & Zimmerman, D. H. (1987). Doing Gender. *Gender and Society 1* (2). www.gla.ac.uk/0t4/crcees/files/summerschool/readings/WestZimmerman1987ngGender.pdf. Zugegriffen: 6. März 2023

Zaborowski, K. U. (2011). An den Grenzen des Leistungsprinzips. In K. U. Zaborowski, M. Meier, & G. Breidenstein (Hrsg.), *Leistungsbewertung und Unterricht – Ethnographische Studien zur Bewertungspraxis in Gymnasium und Sekundarschule* (S. 163–320). Wiesbaden: VS Verlag.

Schüler*innen lernen Leisten 4

> *Leistung zu erbringen ist eine zentrale gesellschaftliche Anforderung, die Kinder und Jugendliche, insbesondere als Schüler*innen, im Schulsystem kennenlernen. Spätestens dort werden sie – als Teil der schulischen Sozialisation – mit Leistungserwartungen konfrontiert. In diesem Kapitel wollen wir zeigen, wie Schüler*innen lernen, Leistung zu erbringen und wie Leistung im alltäglichen Unterricht von Schüler*innen und Lehrkräften interaktiv hervorgebracht wird.*

4.1 Einleitung

Mittlerweile gilt Leistung als *Paradigma der Moderne* (vgl. Reh und Ricken 2018). Die Leistungsfähigkeit von Personen und Institutionen wird in vielen Lebensbereichen, nicht nur in der Schule, gemessen und bewertet und es besteht der weitverbreitete Anspruch, Leistungen zu verbessern und sie bzw. sich selbst zu optimieren (vgl. kritisch dazu Röcke 2021; King et al. 2021). Etymologisch, d. h. die Wortherkunft betreffend, meint das Verb „leisten" ursprünglich „einer Spur nachfolgen" (Kluge 2011, S. 571) oder ein „Gebot befolgen" (ebd.). Immer wieder wird festgestellt, dass die Fähigkeit von Schüler*innen gute Leistungen zu erbringen bzw. die Möglichkeit gute Leistungen von Lehrkräften attestiert zu bekommen und hochwertige Schulabschlüsse zu erreichen, ungleich verteilt ist und eng an die sozio-ökonomischen Verhältnisse von Familien gebunden sind. Im schulischen Kontext wird Leistung als Anstrengung und Ergebnis einer Lerntätigkeit verstanden.

▶ **Pädagogischer Leistungsbegriff** Leistung kann verstanden werden als „Ergebnis und Vollzug einer zielgerichteten Tätigkeit, die mit Anstrengung verbunden ist und für die Gütemaßstäbe anerkannt werden" (Klafki 1975, S. 528). Es existieren drei sogenannte Bezugsnormen für die Bewertung von Leistungen: die individuelle, die soziale und die curriculare. Der Erziehungswissenschaftler Christian Nerowski (2018) kritisiert jedoch Unklarheiten des Leistungsbegriffs:

„Im pädagogischen Alltag ist der Leistungsbegriff unproblematisch: Schülerinnen und Schüler erbringen Leistungen, die von Lehrkräften beurteilt und bewertet werden. In der empirischen Bildungsforschung werden Kompetenzen gemessen und es scheint außer Frage zu stehen, dass damit Leistungen der Schülerinnen und Schüler, oder zumindest deren Fähigkeit, Leistungen zu erbringen, erhoben werden. Anlass zur Diskussion gibt allenfalls die Frage, wie gut eine Einzelleistung nun tatsächlich ist; eine Antwort auf die Frage hingegen, was eine Leistung überhaupt ist, wird als allgemein bekannt und akzeptiert vorausgesetzt" (ebd., S. 230).

In seinem Beitrag beton Nerowski, dass sowohl eine *Handlung* als auch eine *Bewertung* für das Zustandekommen von Leistung konstitutiv sind, während die Merkmale „Anstrengung" oder „Lernen" nicht erfüllt sein müssen.

Aus pädagogischen Erwägungen heraus werden sowohl das Leistungs- als auch das Selektionsprinzip sowie die Notengebung immer wieder kritisiert. Besondere Prominenz hat die Studie des deutschen Pädagogen Karlheinz Ingenkamp (1989) aus den 1970er Jahren mit dem Titel *Die Fragwürdigkeit der Zensurengebung* erfahren, die die Objektivität von Schulnoten nachdrücklich infrage stellt. Auch der Grundschulforscher Hans Brügelmann stellt in seinem Gutachten aus dem Jahr 2006 fest: „Wer an Ziffernnoten festhalten will, weil sie angeblich objektiv und vergleichbar seien bzw. erforderlich, damit SchülerInnen sich auf die Anstrengungen des Lernens einlassen, findet in der Empirie keine stützenden Belege für seine Position" (ebd., S. 45). Ungeachtet dieser wissenschaftlichen Analysen und der Einschätzung, dass durch die Benotung von Schüler*innen notwendige Reformen zur Etablierung eines inklusiven Schulsystems maßgeblich behindert werden, wird für die Bewertung von mündlichen und schriftlichen Leistungen auf Ziffernnoten zurückgegriffen. Dem Begriff der Leistung ist das sogenannte Leistungsvermögen zur Seite gestellt. Dieses Potenzial wird häufig als Eigenschaft oder als Merkmal einer Person verstanden und drückt sich z. B. in Sätzen aus wie: Johanna ist eine schwache Schülerin oder Hasan ist leistungsstark (vgl. Kap. 3).

Das Leistungsprinzip

Das Leistungsprinzip ist eine wesentliche Grundlage unserer Gesellschaft. Der meritokratischen Idee nach (lat. meritum: der Verdienst und griech. kratein: herrschen) sollen gesellschaftliche Positionen und Ämter aufgrund von individueller Leistung, nicht aber aufgrund von Beziehungen, sozial-kultureller Herkunft oder Ähnlichem vergeben werden, wobei davon ausgegangen wird, dass jeder Mensch die gleichen Chancen hat, Leistungen zu erbringen.

Diese Annahme wird seit Jahrzehnten widerlegt. Theoretische und empirische Untersuchungen zeigen immer wieder, dass es keine Chancengleichheit gibt und dass das Leistungsprinzip soziale Ungleichheit einer Gesellschaft sowohl legitimiert als auch verschleiert (vgl. Becker und Hadjar 2017). Im Hinblick auf Leistung spielt die Allokationsfunktion (Berechtigungsfunktion) bzw. die Selektionsfunktion (wer nicht berechtigt wird, wird ausgeschlossen) der Schule eine besondere Rolle. Warum ist das so? Die meritokratische Gesellschaft fordert von der Schule ein, Schüler*innen nach Leistung (in Form von Noten) zu selektieren. Folgt man dieser Erwartung, dann wird einsichtig, warum eine gute Leistung konkurriert werden muss. Dies wird spätestens am Übergang von der Grundschule auf eine weiterführende Schule sichtbar. Der Zugang zur höchsten Schulabschlussprüfung ist deutlich reglementiert. Nicht alle Schüler*innen sollen berechtigt werden eine Abiturprüfung abzulegen. Erlaubt ist es nur denjenigen Schüler*innen, die die besten Noten vorweisen können. Die Selektionsfunktion steht immer im Widerspruch zu Inklusion und der Idee, Schüler*innen möglichst umfassend zu bilden und zu qualifizieren (vgl. dazu Reh et al. 2021).

Eine anders gelagerte Perspektive auf Leistung nehmen sozialkonstruktivistisch argumentierende Autor*innen ein. So werden laut den Erziehungswissenschaftlerinnen Karin Bräu und Laura Fuhrmann (2015) mit den Begriffen der „Leistungsstärke und -schwäche" keine „vorgängig vorhandenen Merkmale" von Schüler*innen gekennzeichnet, sondern vielmehr handelt es sich um Zuschreibungen von Lehrkräften und Schüler*innen, die im „Zusammenspiel des sozialen Kontextes erzeugt, reproduziert und beständig verfestigt" werden (vgl. ebd., S. 49). Die beiden Autor*innen weisen damit die Vorstellung zurück, dass Leistung als eine feste oder sogar objektiv feststellbare Größe angesehen werden kann. Vielmehr werden gute und schlechte Leistung systematisch in sozialen Interaktionen hervorgebracht.

Was kann als Leistung anerkannt werden?

Das was als Leistung erwünscht ist und anerkannt wird, steht in einem Zusammenhang mit gesellschaftlichen Erwartungen und kann mit einem Beispiel illustriert werden: Wenn ein zehnjähriges Kind den Koran auswendig rezitieren würde, dann könnte dies als eine besondere Leistung gelten, da es erstens einen enormen Aufwand bedeutet, die ca. 77.500 Worte des Korans mit zehn Jahren zu erlernen, und weil zweitens das Rezitieren von Suren einen hohen gesellschaftlichen Wert (insbesondere in muslimisch geprägten Ländern) darstellt, und diese Leistung somit durch eine Lehrkraft im islamischen Religionsunterricht besondere Würdigung erfahren könnte. Dieses Kind würde also mit seiner Leistung einer gesellschaftlichen Spur bzw. einem religiösen Gebot folgen, und eine Lehrkraft könnte dieses Können im schulischen Kontext als Leistung anerkennen. Wenn man sich hingegen eine zehnjährige Schülerin vorstellte, die das Buch *Harry Potter und der Stein der Weisen* rezitieren würde, dann würde auch sie für ihre in etwa gleichgroße Gedächtnisleistung durchaus Anerkennung erfahren. Allerdings würde sie jenseits eines beeindruckenden Auftrittes im Rahmen einer Schulfeier mit ihrem Können vermutlich schulisch wenig Anerkennung finden, da Harry Potter-Rezitationen keiner gesellschaftlichen Spur folgen, also nicht auf (zentrale) gesellschaftliche Normen bezogen sind und weder im Religions- noch im Sprachunterricht zentrale Kompetenzen abbilden. Kurzum, es hängt von den gesellschaftlichen Wertvorstellungen und Normen sowie von der konkreten Lehrkraft ab, ob Lernen und daraus resultierendes Wissen und Können als Leistung Anerkennung findet.◄

Wie man bereits sehen kann, ist Leistung nicht nur etwas, das einzelne Schüler*innen erbringen (oder nicht), sondern ob etwas als Leistung zählt, hängt von gesellschaftlichen Erwartungshaltungen ab. Im Folgenden werden wir darstellen, welche Bedeutung die Leistungserbringung als wesentliches Moment der schulischen Sozialisation für die Schüler*innen hat (4.2) Danach wird aufgezeigt werden, wie sich Schüler*innen als leistungsfähige Akteure im Unterricht darstellen (4.3) und schließlich behandelt, wie Leistung als schulischer Produktionsprozess verstanden werden kann (4.4).

4.2 Leistungserbringung als Teil der schulischen Sozialisation

Mithilfe von Beobachtungsprotokollen aus dem Unterricht kann untersucht werden, wie Leistung erbracht bzw. konstruiert und hervorgebracht wird. Wir zeigen dies am Beispiel einer mittlerweile klassisch gewordenen Szene aus einer Grundschule, die vom amerikanischen Anthropologen Jules Henry bereits im Jahr 1975 analysiert wurde.

4.2 Leistungserbringung als Teil der schulischen Sozialisation

Henry

Boris hatte Schwierigkeiten, 12/16 so weit wie möglich zu kürzen und kam nur bis 6/8. Die Lehrerin fragte ihn ruhig, ob das der kleinste Nenner sei. Sie schlug ihm vor, darüber „nachzudenken". Viel Fingergeknipse und viele hochgereckte Arme bei den anderen Schülern. Alle begierig, ihn zu korrigieren. Boris ziemlich unglücklich. Vermutlich intellektuell gesperrt. Die Lehrerin, ruhig, geduldig, übersieht die anderen und richtet Blick und Stimme ganz auf Boris. Sie fragt: „Gibt es eine Zahl, die größer als zwei ist, mit der Du beide Seiten des Bruchs teilen kannst?" Nach ein oder zwei Minuten beginnt sie zu drängen, aber von Boris kommt nichts. Darauf wendet sie sich der Klasse zu und fragt: „Na gut, wer kann Boris sagen, welche Zahl es ist?" Fast alle melden sich. Die Lehrerin ruft Gretchen auf. Gretchen erklärt, daß vier die Zahl sei, durch die sich Zähler und Nenner teilen lassen." (Henry 1975, S. 42).◄

Jules Henry beschreibt eine alltägliche Unterrichtssituation, die auch heute noch – viele Jahrzehnte später – aktuell erscheint: Ein Schüler steht an der Tafel und bewältigt eine mathematische Aufgabenstellung nicht. Seine Lehrerin gibt ihm Zeit und will ihn offenbar durchaus wohlwollend mit Hinweisen unterstützen, doch es nützt nichts. Auch mit ihrer Hilfestellung kann Boris die geforderte Leistung nicht erbringen. Die Mitschüler*innen werden aufgefordert Boris zu ‚helfen'. Fast alle zeigen mit Handzeichen auf und geben zu verstehen, dass sie die Lösung kennen und mehr wissen als Boris. Gretchen ist auserwählt die Antwort zu geben und sagt es richtig. An der Tafel steht Boris wie auf einer Bühne und zieht die Aufmerksamkeit des Publikums auf sich – und scheitert vor den Augen der gesamten Klasse.

In erster Linie scheint hier nicht dem Schüler, sondern dem Unterricht, der nun weitergehen kann, ‚geholfen' worden zu sein. Boris profitiert nur insofern er sich wohl wieder setzen darf, aber wie man einen Bruch kürzt, weiß er vermutlich immer noch nicht. Er und auch alle seine Klassenkamerad*innen haben in dieser Situation jedoch etwas anderes – sozusagen nebenbei – gelernt: Die eigene Leistung, das eigene Können, Wissen und Handeln stehen im Verhältnis und in Konkurrenz zu dem der Mitschüler*innen, wobei die richtige Antwort eben nur einmal gegeben werden kann. Hätten weder Gretchen noch andere Schüler*innen die Antwort gewusst, wäre das Scheitern von Boris in anderem Licht erschienen. Was als gute oder auch schlechte Leistung anerkannt wird, ist also immer auch davon abhängig, was andere zu leisten in der Lage sind. Boris scheitert im Beispiel also in einer doppelten Weise, nämlich erstens sachlich an der Aufgabenstellung (curriculare Bezugsnorm) und zweitens im sozialen Vergleich mit seinen

Mitschülern (soziale Bezugsnorm). Wäre die Aufgabe an der Tafel eine besonders schwierige gewesen, die auch kein anderes Kind hätte beantworten können, wäre es für Boris unproblematisch geblieben. Er hätte dann nicht mehr, aber eben auch nicht weniger gekonnt als seine Mitschüler*innen und niemand hätte sich mit der richtigen Antwort auf ‚seine Kosten' profilieren können.

Henry (1975) fokussiert mit dieser Beschreibung und seiner Analyse auf die sozialisatorische und nicht auf die fachliche oder fachdidaktische Seite des Unterrichts. Er deutet die Szene so, dass erst das Versagen von Boris Gretchen den Erfolg ermöglicht: seine Niedergeschlagenheit ist der Preis für ihre blendende Laune, sein ‚Elend' der Anlass zu ihrer Freude. Mit dieser Szene, die Henry in einer Schule beobachtet hat, will er zeigen, wie schulische (Leistungs-)Sozialisation abläuft: Es können nicht alle Schüler*innen zur gleichen Zeit gute Leistungen erbringen, dadurch wird Konkurrenzverhalten und Streben nach Erfolg (auf Kosten anderer) eingeübt. Schüler*innen lernen, gemäß eines *Heimlichen Lehrplans* in einer Leistungs- und Wettbewerbsgesellschaft zu funktionieren.

Schulische Sozialisation

Der Begriff der Sozialisation ist ein Grundbegriff der Erziehungswissenschaft, der ursprünglich von Emile Durkheim (1858–1917) stammt, einem Begründer der Soziologie. Mittlerweile liegen verschiedene, aber insgesamt sehr ähnliche Definitionen aus der Soziologie, der Erziehungswissenschaft und der Psychologie vor. Im Kern bezieht sich der Begriff der Sozialisation auf die „Gesamtheit der Faktoren, die in einer gegebenen gesellschaftlichen Situation das Aufwachsen bzw. die Entwicklung von Kindern und Jugendlichen (oder auch von Erwachsenen) beeinflussen" (Koller 2012, S. 165 f.).

Die sozialisatorische Funktion der Schule kann so gefasst werden, dass die Schüler*innen aktuelle gesellschaftliche Denk- und Handlungsmuster kennenlernen und diese als soziale Normen verinnerlichen (internalisieren), um Mitglied in einer Gesellschaft werden zu können. Die Schule als Sozialisationsinstanz hat die Aufgabe, Kindern und Jugendlichen die für ein Leben in der Gesellschaft erforderlichen Kenntnisse und Fähigkeiten zu vermitteln. Dabei handelt es sich um einen in aller Regel mehrjährigen Prozess, der nicht unbedingt reibungslos oder zur Zufriedenheit aller erfolgen muss. Dabei kommt der Schule eine doppelte Funktion zu, nämlich „Wissen *und* Normen" (Hummrich und Kramer 2017, S. 26, Hervor. i. Orig.) zu vermitteln. „Darüber hinaus geht es in der Schule darum, sich im Anspruch von Leistung und Begabung zu positionieren und sich insofern mit anderen Gleichaltrigen messen zu lassen." (ebd.).

Der Begriff *hidden curriculum* wurde von dem amerikanischen Pädagogen Philip W. Jackson geprägt und fand als *Heimlicher Lehrplan* Mitte der 1970er Jahre Eingang in die bundesdeutsche wissenschaftliche Diskussion (vgl. Zinnecker 1975). Im Kern handelt es sich um ein Konzept, das die sozialisatorische Funktion von Schule sichtbar macht und seine Wirkungen zeigt – unabhängig davon, welche

4.2 Leistungserbringung als Teil der schulischen Sozialisation

Absichten Lehrer*innen mit ihrem Unterricht (z. B. Wissensvermittlung) konkret verfolgen. Diese heimlichen Regeln, Routinen und Werte sind Teil des schulischen Alltags und erhalten gewöhnlich keine besondere Aufmerksamkeit. Der Schulpädagoge Hilbert Meyer (1988, S. 65) beschreibt den heimlichen Lehrplan als „lautlosen" Mechanismus. Es gehe dabei um die „Einübung in die Regeln und Rituale der Institution, […] darum, sich an oben und unten, an Gutsein und Schlechtsein, an Auffälligwerden und Durchwursteln zu gewöhnen. Um es in den gängigen Fremdwörtern zu formulieren: es geht um die Einübung in hierarchisches Denken, in Leistungskonkurrenz und Normkonformität" (ebd.).

Gesellschaftliche Funktionen der Schule
Der österreichische Erziehungswissenschaftler und Psychologe Helmut Fend (2006) beschreibt all das in seinem Buch *Neue Theorie der Schule* etwas abstrakter. Für ihn gerinnt der Unterricht gleichsam unter der Hand zu einer Art Wettbewerb, der die Schüler*innen auf die Anforderungen einer konkurrenzorientierten Leistungsgesellschaft vorbereitet. Die Schule kann dabei auch als eine Selektionsanstalt verstanden werden; sie fungiert als eine Art „Rüttelsieb", um mehr oder weniger leistungsbereite Schüler*innen (aus-) zu sortieren. Sie erfüllt damit wichtige gesellschaftliche Funktionen. Die Schule hat Fend zufolge *vier Aufgaben für die Gesellschaft* zu übernehmen. Sie soll erstens die kulturelle Reproduktion der Gesellschaft sicher stellen (Enkulturationsfunktion: z. B. die Sprache Deutsch vermitteln), zweitens die Schüler*innen für spätere Berufstätigkeiten qualifizieren (Qualifikationsfunktion), drittens Schüler*innen aufgrund ihrer Leistung die Einnahme gesellschaftlicher Positionen ermöglichen (Allokationsfunktion bzw. soziale Selektion). Und viertens soll Schule der sozialen Friedenssicherung dienen, indem zentrale Normen und Werte vermittelt werden, die einer Stabilisierung der politischen Verhältnisse dienen (Integrationsfunktion).

Vor allem im Frontalunterricht zeigt sich die Konkurrenzsituation um gute Noten: Insofern eine Lehrkraft in einer Unterrichtsstunde nur eine begrenzte Anzahl von Fragen stellen oder Schüler*innen an die Tafel holen kann, haben die Schüler*innen auch nur eine begrenzte Anzahl an Chancen, richtige Antworten zu geben und sich eine gute mündliche Note zu erarbeiten. Hinzu kommt, dass Lehrer*innenfragen, die eine Unterrichtsstunde eröffnen oder zu einem neuen Thema hinführen, häufig weniger schwer sind als Fragen, die das Stundenziel zusammenfassen (vgl. Kalthoff 2000). Um als gute*r Schüler*in im Unterricht in Erscheinung zu treten, muss man sich also erstens bei den schweren Fragen melden, zweitens drangenommen werden und drittens auch noch die richtige Antwort geben können. Gute Leistungen können also nur in begrenztem Umfang erbracht werden und stehen daher nicht allen Schüler*innen zur Verfügung. Aus dieser Konkurrenzsituation ergibt sich eine Konsequenz: Es gibt ‚Gewinner*innen', ein

‚Mittelfeld' und ‚Verlierer*innen'. Spätestens mit der Vergabe von Noten verstehen die Schüler*innen, dass die vorderen Plätze rar sind und sie erfahren, welchem Leistungsspektrum sie sich zuzuordnen haben (Abb. 4.1).

Im Rahmen von schriftlichen Arbeiten haben zwar *alle* Schüler*innen potenziell die Chance richtige Antworten zu geben, aber das Selektionsprinzip der Schule verlangt es, Noten im gesamten Spektrum zu vergeben und Aufgaben zu stellen, die nicht von allen Schüler*innen mit Sicherheit beantwortet werden können. Schüler*innen lernen also in der Schule, dass sie schlechter oder besser sind als ihre Mitschüler*innen, und gewöhnen sich so früh daran, dass sie als Erwachsene dem gesellschaftlichen Leistungswettbewerb und ungleicher Behandlung (z. B. Einkommensdifferenz) ausgesetzt sind.

Im Verlauf der ersten Schuljahre lernen die meisten Schüler*innen mit ihren Positionierungen umzugehen. Auch wenn dies zuweilen ein schmerzhafter Prozess sein dürfte – wer bekommt schon gerne dauerhaft schlechte Noten – gewöhnen sie sich an die ihnen zugewiesene Position. Während Grundschüler*innen noch zugestanden wird, ihre Freude oder Trauer durch Jubel oder Tränen deutlich zum Ausdruck zu bringen, gilt dies bei älteren Schüler*innen als unangemessenes Verhalten. In der Schule lernen Schüler*innen daher auch, ihre Emotionen im öffentlichen Raum zu beherrschen. Jules Henry (1975) geht sogar

Abb. 4.1 „Charakterbildungsanstalt" (M. Marks nach Jackson, 1975, S. 22, Copyright: © Marie Marcks 1974)

davon aus, dass in der Schule die Angst vor dem Scheitern gelernt werde. Sozialisatorisch sei dies ein wichtiger Prozess: „Die entscheidende Besitzergreifung, die pädagogische Institutionen leisten, ist die Angst vor dem Misserfolg" (ebd., S. 44). Diese Angst sei wichtig, weil ohne sie das Konkurrenzprinzip, auf dem die Leistungsgesellschaft beruhe, nicht verinnerlicht und realisiert würde. Im alltäglichen Unterricht verinnerlichen Schüler*innen das Leistungsprinzip und lernen sich auf eine bestimmte – schulische Art – zu verhalten. Dazu müssen verschiedene Regeln erlernt werden. Wir wollen dies nun mit aktuelleren Fallbeispielen vertiefen.

4.3 Leistungsbereitschaft körperlich darstellen

Der Erziehungswissenschaftler Thomas Wenzl (2010) hat in seiner empirischen Studie *Sich-Melden* herausgearbeitet, wie Schüler*innen in der Grundschule lernen, sich am Unterrichtsgeschehen zu beteiligen. Die Studie zeigt, wie schwierig es für Kinder ist, die unterrichtliche Melderegelung einzuüben und nur dann zu sprechen, wenn man an der Reihe ist, und nicht dann, wenn man etwas sagen möchte. Am Beispiel einer Unterrichtsbeobachtung zeigt sich das Engagement der Schüler*innen, ihre Freude oder vielleicht auch nur der dringende Wunsch etwas sagen zu dürfen. Die Transkription entstammt einer 4. Klasse. „Lw" bedeutet Lehrerin weiblich, „Sm9" Schüler 9 männlich, usw.

Melden

Sm/0:	8000
Lw:	(leiser) davon das Doppelte? (gibt SwlO ein Zeichen)
Sm2:	(meldet sich) Bitte!
Sw/0:	12000
Sml1:	(meldet sich) Nein, nein, nein
Einige Schüler:	(melden sich) Bitte, bitte
Lw:	Nicht schreien
Sw/0:	10000
Sw7:	(meldet sich) Nein. Bitte, bitte
Lw:	(zu SmlO) Sag Du noch mal, was Du gesagt hast
Sm/0:	Wie? 8000
Lw:	Das doppelte?
Sm9:	(meldet sich) Ich weiß es
Sm4:	(meldet sich) Och bitte

Sw7:	Bitte
Lw:	Das weiß die SwlO auch
Sm4:	Och man!
S?:	Man

(Wenzl 2010, S. 39 f.)◄

Das Transkript und die Analysen von Wenzl zeigen erstens, dass diese Grundschüler*innen die Regeln des Meldens beherrschen und zweitens, wie sehr sich einige Kinder (flehentlich) bemühen, das Recht zu erhalten und wie sehr sie darunter leiden, sich nicht äußern zu dürfen. Insbesondere der Frontalunterricht zieht – wie eben auch bei Boris gesehen – den Wettbewerb um das Rederecht nach sich. Nur die Person hat eine Chance, ihr Können unter Beweis zu stellen und eine gute Leistung zu erbringen, die von der Lehrperson drangenommen wird. Diejenigen, die nicht drangenommen werden, können zwar durch ihr Melden ihre Bereitschaft, eine Leistung erbringen zu wollen, kenntlich machen, aber sie müssen quasi auf halbem Wege und unverrichteter Dinge stehen bleiben. Auch hier wird um das knappe Gut konkurriert und im Vergleich zu Meldesituationen in Abiturklassen oder Universitäten sind die Emotionen deutlich weniger kontrolliert.

Die Melderegel stellt eine zentrale Norm für die Unterrichtsteilnahme dar. Zu dieser Norm gehört auch, sich nur dann zu melden, wenn passende Unterrichtsbeiträge geliefert werden können. Die Meldegeste ist also nur dann angebracht, wenn im Sinne der Frage- oder Aufgabenstellung, d. h. allgemein zur Sache gesprochen wird. So erwartet eine Lehrkraft von ihren Schüler*innen, wenn es z. B. um das Thema Säugetiere geht, keine x-beliebigen Erzählungen zu den Futtervorlieben ihrer Katze, sondern dass sie mit ihren Äußerungen einen sinnvollen Beitrag zum vorbestimmten Gegenstand (Stundenthema) beitragen. Grundschüler*innen lernen im Laufe der Grundschulzeit, die Melderegeln praktisch anzuwenden, d. h. sie lernen, wie man sich schuladäquat zu verhalten hat und sich in die schulische Leistungssituation einfügt. Beim Melden ist jedoch nicht nur die Sprache – wie eben im Transkript – bedeutsam, sondern auch der Körper.

Schüler*innen können enthusiastische Melde-Gesten nutzen, um auf sich aufmerksam zu machen, sie können aber auch auf zögerliche Melde-Gesten zurückgreifen, wenn sie sich mit ihrer Antwort nicht ganz sicher sind. Sie können sich lässig melden, wenn sie Sicherheit oder Langeweile im Umgang mit einer Sache andeuten wollen. Der Erziehungswissenschaftler Georg Breidenstein (2006, S. 99), der sich in seinen ethnografischen Studien zum Schülerjob ebenfalls mit dem Melden beschäftigt hat, bemerkt dazu:

4.3 Leistungsbereitschaft körperlich darstellen

„Die genauere Beobachtung der Ausführung dieser Geste eröffnet eine Ahnung von der Bedeutungsvielfalt dieses scheinbar schlichten Zeichens. Die Gebärde des »sich Meldens« zeigt mehr an als die Bewerbung um das Rederecht – sie stellt zugleich die jeweilige Haltung gegenüber dem Wunsch, etwas zu sagen, dar".

Die (mehr oder weniger bewusst) eingenommene Körperhaltung bestimmt damit auch den Eindruck, den die anderen Anwesenden, Lehrkräfte und Mitschüler*innen, gewinnen.

Meldegesten

Richten wir dazu einen Blick auf die Skizzen, die typische, d. h. regelmäßig wiederkehrende Meldegesten abbilden (Abb. 4.2). Wir deuten sie folgendermaßen: Mit der Haltung zeigt Schüler*in 1 an, dass sie die Antwort zu wissen glaubt und drangenommen werden möchte. Diese Geste lässt wohl auf eine selbstverständliche, gelassene Beziehung zum Unterrichtsgeschehen schließen. Schüler*in 2 meldet sich mit zwei Armen. Mit dieser Geste wird Dringlichkeit ausgedrückt: Ich möchte unbedingt drangenommen werden. Die Person transportiert vielleicht den Eindruck, über wenig Affektkontrolle zu verfügen. Schüler*in 3 meldet sich mit angewinkeltem Arm auf dem Kopf abgelegt. Diese Geste kann Mehreres bedeuten, z. B. ich melde mich schon lange und bin ermüdet, weil ich nicht drankomme oder ich lege keinen gesteigerten Wert darauf drangenommen zu werden. Mit der Geste kann also sowohl eine eher stoische, lässige oder gelangweilt-coole Einstellung zum gegenwärtigen Unterricht gezeigt werden, die einer routiniert-pflichtschuldigen und selbstbewusst-leistungsstarken Haltung entsprechen könnte. Schüler*in 4 meldet sich mit einer Hand und schüttelt dabei die andere. Mit dieser Geste könnte eine Dringlichkeit zum Ausdruck kommen: Alle bisherigen Antworten sind falsch, ich weiß es mit Sicherheit besser! Schüler*in 5 sitzt aufrecht vor einem Buch/Heft, in das geschaut wird. Es wirkt, als würde es konzentriert gelesen. Die Botschaft ist klar: Ich möchte nichts sagen. Schüler*in 6 liegt halb auf dem Tisch, der Kopf ruht auf den Armen. Müdigkeit und eine gewisse Distanz zum Unterrichtsgesehen wird als Eindruck transportiert. Schüler*in 7 schaut träumend oder nachdenklich aus dem Fenster. Legt sie*er es darauf an drangenommen zu werden und dann zu glänzen, weil dem Unterricht doch gefolgt wird oder träumt er*sie wirklich? Worüber denkt sie*er nach? Diese Haltung drückt vermutlich ebenfalls eher Distanz zum Unterrichtsgeschehen aus. Schüler*in 8 schreibt konzentriert etwas auf. Das wirkt fleißig und sollte besser nicht gestört werden. Schüler*in 9 hält sich ein Buch direkt vors Gesicht und versteckt sich. Kann es bei dieser auffälligen Geste tatsächlich darum gehen ‚unsichtbar' zu werden? Wohl kaum. Es wirkt eher wie ein abfälliger Kommentar zum Unterrichtsgeschehen: ‚Ich bin raus'.

◄

Auch wenn die Körperhaltungen und Mimiken letztlich nicht eindeutig bestimmt werden können (vgl. Geser 1990), liefern unsere Interpretationen der Fallbeispiel den Hinweis, wie sehr Körper in die Darstellung von Leistungsvermögen, Leistungswillen und -bereitschaft involviert sind und wie sehr sie dennoch von der*dem Interpret*in abhängen. Ebenso wie die Lehrkräfte wissen natürlich auch die Schüler*innen um den kommunikativen Gehalt von Körperhaltungen und Gesten. Sie lernen mit der Zeit nicht nur gerade zu sitzen und sich zu melden, wenn man etwas weiß, sondern auch, Körperhaltungen, Gestiken und Mimiken

Abb. 4.2 „Körperhaltungen im Unterricht" (unveröffentlichter Protokollausschnitt von Michael Meier)

4.3 Leistungsbereitschaft körperlich darstellen

in strategischer Absicht zu verwenden. So erklärt der in einer 7. Gemeinschaftsschulklasse als leistungsstark geltende Schüler Arvid seine Unterrichtsstrategie: „Immer melden, immer melden, nur melden. Ob man Scheiße antwortet is ejal, immer melden." (Breidenstein 2006, S. 101). Arvid vertraut offensichtlich stark in den kommunikativen Gehalt seiner Meldegesten. Es scheint, als wäre vor allem im ursprünglichen Wortsinn die richtige Haltung zum Unterricht maßgeblich für den Schulerfolg.

Die Disziplinierung des Körpers stellt somit einen zentralen Bezugspunkt bei der sozialen Konstruktion von Leistung und damit auch von Schulerfolg dar. Es geht darum, Aufmerksamkeit und Interesse darzustellen, den Unterricht nicht zu stören, sich nach den herrschenden Regeln zu beteiligen (Arbeitsmaterialien parat haben, sich melden) und in einem bestimmten Tempo zu arbeiten. Wir möchten dies am Beispiel weiterer ethnografischer Feldnotizen illustrieren.

Körperhaltungen

„Die Englischlehrerin baut eine Bühne auf – gleich geht es los mit den Präsentationen. Augenblicklich gewinnt die Körperhaltung von Rebekka und Paula an Körperspannung. Die Oberkörper richten sich auf, sie rutschen weiter nach vorn auf den Stuhl, die Hände liegen ‚brav' auf dem Tisch" (Meier 2011, S. 47).

„Wie immer: Auf allen Tischen liegen in den oberen Ecken, von unten nach oben: DINA4 Heft/Hefter, Buch, Stiftrolle/Dose, Federtasche – ‚auf Kante'" (unveröffentlichter Protokollausschnitt von Hedda Bennewitz).

„Fünf Minuten später gibt es eine neue Arbeitsanweisung der Lehrerin: eine Einzelarbeit „exercises". Marilyn befolgt automatisch die Anweisungen der Lehrerin, holt ihr Heft heraus, macht es auf, öffnet den Stift, guckt sich die Aufgabe an, hört der Lehrerin zu" (unveröffentlichter Protokollausschnitt von Hedda Bennewitz).

„Die Lehrerin knüpft an die letzte Stunde an und erklärt etwas über das unterschiedliche Gewicht auf der Erdoberfläche und auf dem Mond. Sie zeichnet sehr schnell und routiniert zwei Skizzen dazu an die Tafel. Alle drei Mädchen, die ich beobachte, zeichnen die Skizzen ab, ohne dass explizit dazu aufgefordert worden wäre. Sie benutzen dazu Lineale und verschiedene Stifte. Die drei stöhnen leise – wohl, weil die Lehrerin so schnell zeichnet" (unveröffentlichter Protokollausschnitt von Georg Breidenstein).◄

Das ‚richtige' Verhalten zu zeigen ist demnach eine Leistung, die nicht nur beim Melden körperlich hervorgebracht werden muss. Zur richtigen Körperhaltung und dem unmittelbaren Verfügen-Können über die Materialien gesellt sich hier eine Arbeitspraxis, die sich – nahezu automatisch – an den Anweisungen der Lehrkraft ausrichtet. Trotz Zeitdruck führen die Schüler*nnen ihre Arbeit akkurat aus. Sie wissen, was erwartet wird und orientieren sich daran: Die Lehrerin muss gar nicht mehr sagen, dass die Skizze von der Tafel abzuzeichnen ist – es kann stillschweigend vorausgesetzt werden. Sind diese ‚Grundregeln des guten Betragens' einmal als Schulerfolg förderlich erkannt, könnten sie theoretisch relativ leicht zur Aufführung gebracht werden. Im Prinzip sind es schlichte Handlungen, deren dauerhafte Erfüllung von enormer Selbstdisziplin zeugen, über die jedoch nicht alle Schüler*innen verfügen.

Disziplin
Disziplin (lateinisch disciplīna) steht für Zucht, Ordnung, Wissenschaftszweig oder Fachgebiet. Es handelt sich um eine Ableitung von discipulus „Schüler, Lehrling". Im Zusammenhang mit schulischer Erziehung taucht der Begriff Disziplin häufig auf. Sie steht ursprünglich für eine „geistliche Züchtigung, Kasteiung", beschreibt aber auch ab dem Ende des 15. Jahrhunderts die „Kriegs- und Schulzucht", sowie allgemein „Ordnung, Ein- und Unterordnung, Genauigkeit". Sich diszipliniert zu verhalten, bedeutet seit dem 18. Jahrhundert Ordnungen und Vorschriften einzuhalten. Als Synonyme gelten Selbstbeherrschung und Selbstdisziplin (vgl. DWDS).

4.4 Leistung als Produktionsprozess

Für Breidenstein (2006, S. 214) sind Schüler*innen mit einer „gigantischen, unaufhörlich rhythmisierten und weitgehend synchronen Produktion" beschäftigt. Produziert werden im Unterrichtsalltag vielfältige Dinge: Unterrichtsnotizen werden angefertigt, Tafelbilder abgeschrieben, Arbeitsblätter bearbeitet, Zeichnungen gemalt, Protokolle geschrieben, Mitschriften korrigiert, Poster und Plakate gebastelt, Bastelarbeiten vollführt, Hörspielaufnahmen aufgenommen oder auch Vokabeln aufgelistet. Laut Meier (2011, S. 159) besteht Schulerfolg „in der Herstellung der richtigen Produkte (im weitesten Sinne) in der richtigen Qualität zum richtigen Zeitpunkt". Im Unterricht lernen die Schüler*innen, dass Leistung an ihre Produkte geknüpft ist und an den Produkten gemessen wird. Sie lernen daher, die Produkte unter Abwägung der Gesichtspunkte Zeitökonomie (Wie viel Zeitaufwand ist mir das Produkt wert?), Ästhetik (Wie viel Energie wende ich für das Design des Produktes auf?) und Inhalt (Funktioniert das Produkt?) anzufertigen. Effizenz und Pragmatik bei der Anfertigung des Produktes

4.4 Leistung als Produktionsprozess

stellen ebenso wichtige Kriterien dar wie Sauberkeit, Ordentlichkeit oder Kreativität. Aber auch Wortbeiträge, Referate und Präsentationen, mündliche Tests und Prüfungen können als Produkte verstanden werden.

Für die Hervorbringung von Produkten greifen Schüler*innen oft in Zusammenarbeit mit den Lehrkräften auf bestimmte Praktiken, wie Orientierungs-, Management-, Kontroll-, Kulanz- und Image-Praktiken, zurück (vgl. Meier 2011). Aus der Sicht von Lehrkräften ist es für die Ermöglichung guter Leistungen sehr sinnvoll, Prüfungen rechtzeitig anzukündigen, gut zu platzieren und die Schüler*innen sehr gut auf die zu erwartenden Inhalte vorzubereiten. Interessanter Weise scheint das Ziel, gute Leistungen zu ermöglichen, an Gymnasien üblicher zu sein als an der Sekundarschule und Hauptschule. An zwei Beispielen, die zeigen, wie Schulerfolg ermöglicht wird, ist zu sehen, wie Lehrkräfte den Schüler*innen mehr oder auch weniger Gelegenheit geben zu ‚glänzen' und gute Noten zu erhalten bzw. schlechte zu verhindern.

Schulerfolg: Kulanz- und Image-Praktiken

Kulanzpraktiken
Punkt 8:00 macht die Lehrerin Frau Friedrich die Tür zu. Der Unterricht beginnt sofort mit der Besprechung der Hausarbeit. Die Kinder sollten das Pantoffeltierchen wiederholen. Dazu legt die Lehrerin eine Grafik vom Pantoffeltierchen auf den Polylux. Die Überschrift der Grafik lautet: Konjugation beim Pantoffeltierchen. Frau Friedrich nimmt Annika dran. Sie soll nun die Konjugation erklären. Die aufgeforderte Annika entgegnet der Lehrerin: „Keine Ahnung." – „Keine Ahnung, das ist ja nicht so praktisch", erwidert die Lehrerin streng. Annika beginnt also doch, aber es scheint die Lehrerin nicht so recht zu überzeugen. Die Lehrerin guckt kritisch, hilft ihr dann an dieser oder jener Stelle. Friedemann und Bettina melden sich. Die Lehrerin zieht es scheinbar vor, nach eigener Regie Schüler dranzunehmen. […] Ich frage mich die ganze Zeit, ob das Drannehmen und Prüfen von Annika zu Beginn der Stunde eine Art mündliche Leistungskontrolle war. Nach der Stunde befrage ich diesbezüglich die Lehrerin. „Jein", erfahre ich. Annika wäre ja nicht gut vorbereitet gewesen und deshalb hätte sie jetzt auch keine Note ermittelt, aber man hätte dies durchaus tun können (Meier 2011, S. 115).

Image-Praktiken

Der Physikunterricht geht weiter. Helena und Fabienne kichern, suchen sich gemeinsam neue Spiele […]. Ein nächster Anlass sind Sonnenstrahlen, die ins

Klassenzimmer und auf Fabiennes Platz fallen. Nachdem sie sich erst allein mit den Strahlen beschäftigt (sich sonnen, mit dem Uhrenglas Sonnenstrahlen in den Raum spiegeln), dienen sie etwas später als Anlass, um erneut Kontakt zu Helena herzustellen. [...] Fabienne vertieft sich immer mehr in ihre Spiegelungen: „Ich schreib jetzt auf die Gardine (das schwarze große Rollo) eine Botschaft". Sie stöhnt und ächzt und Helena wird aufmerksam. [...] Helena und Fabienne sind ins Lesen bzw. Schreiben vertieft. Plötzlich ist die Lehrerin zu vernehmen: „Das ist keine Form der Kraftaufwendung Fabienne" – „Doch" antwortet diese lachend. „Nein!" sagt die Lehrerin fröhlich beschwingt, „das machen wir in der 8. Klasse. Das ist Optik. Greif nicht immer dem Stoff vor." Fabienne lacht (Bennewitz 2004, S. 402 f.).◄

Auf Kulanzpraktiken wird dann zurückgegriffen, wenn schlechte Leistungen in gute umgedeutet werden sollen. Image-Praktiken dienen dazu, das Bild vom guten Schüler, bzw. von der guten Schülerin, zu stabilisieren.

Die Erziehungswissenschaftlerin Kathrin U. Zaborowski (2011) hat in ihrer Ethnografie *An den Grenzen des Leistungsprinzips* Beobachtungen angestellt, die sich erkennbar *nicht* an den Praktiken des Schulerfolgs orientieren. Die beobachtete Szene ereignet sich mitten in der Geschichtsstunde einer 5. Sekundarschulklasse zu Beginn des Schuljahres.

Schulmisserfolg: Desorientierung und Disziplin

Dann geht es auch schon weiter mit dem nächsten Thema: Was aß und trank man zur Zeit Hamurabis? Frau Neumann wird einen Text vorlesen und die Kinder sollen die Pflanzen und andere Esswaren mitschreiben. Sie beginnt, in ziemlich hoher Geschwindigkeit vorzulesen und meint dann, die Kinder sollen mitschreiben, was sie schaffen, der Rest wird später ergänzt. Steffen versucht es scheinbar gar nicht erst, Diana schreibt fleißig mit, Judith nicht, sie schaut nur und spielt mit ihrem Haar. Elisabeth schreibt auch mit, ich kann aber nicht sehen, ob sie mitkommt (sie schreibt ja sonst recht langsam), denn sie schaut komplett ausdruckslos. Plötzlich kommt in den Vortrag eine Frage der Lehrerin: „Welches Nebenprodukt haben Bienen?" Thomas meldet sich und gibt die richtige Antwort – „Honig". Dann schreibt er weiter. Ich finde, die Anforderungen an die Schüler sind ziemlich hoch. Sie sollen zuhören, schnell mitschreiben und zwischendurch auch noch Fragen beantworten, denn es bleibt nicht bei der einen.

Irgendwann ist die Lesung oder das Diktat, was immer es war, beendet und die Lehrerin fordert Elisabeth auf, aufzuzählen, was sie mitgeschrieben

4.4 Leistung als Produktionsprozess

hat. Elisabeth reagiert erst einmal nicht, sondern schreibt noch zu Ende. Dann beginnt sie aber. Sie spricht mit leiser, ausdrucksloser Stimme und ich bin erstaunt, wie viel sie mitgeschrieben hat. Vom Anfang hat sie fast alles aufgeschrieben, zum Ende hin wird es etwas weniger, aber insgesamt sehr viel. Nachdem Elisabeth ihre Aufzählung beendet hat, meldet sich die Lehrerin wieder zu Wort. „Sehr schön, da hast du ne ganze Menge mitgekriegt, deshalb Zwei, Elisabeth." Elisabeth schaut wie immer, keine Regung im Gesicht. Ich bin komplett erstaunt darüber, dass es eben eine Note gab. Das war nämlich keineswegs angekündigt. Ich kann aber weder Verwunderung über diese Notenvergabepraxis noch sonstige Reaktionen bei Elisabeth oder anderen Schülern in meinem Umfeld erkennen.

Als nächstes soll Jens vortragen, was er mitgeschrieben hat, aber er kann nur sehr wenige Dinge nennen. „Mehr nicht?" fragt dann Frau Neumann auch recht erstaunt. Jens schüttelt nur den Kopf. Frau Neumann: „Da hätte ich mir mehr gewünscht." Jens bekommt eine Vier. Er nimmt es gelassen hin. Jetzt kommt noch Paul dran, er hat viel notiert, aber nicht ganz so viel wie Elisabeth. Ähnlich sieht es auch die Lehrerin: „Das war so ein Mittelding zwischen Elisabeth und Jens, da fehlte etwas mehr. Eine Drei." Paul schaut nur, stützt den Kopf auf die Hände. Ich bin mir unsicher, ob diese Art, Noten zu geben, in der Klasse bereits früher praktiziert wurde, denn wenn ja, müssten die Schüler doch aufmerksamer mitschreiben. Die Reaktionen in der Klasse lassen keinen Schluss zu. Frau Neumann verweist nun noch einmal auf die Kurzkontrolle in der nächsten Stunde und erklärt, es käme alles dran, was sie zu Mesopotamien hatten (Zaborowski 2011, S. 218 f.).◄

Diese Szene zeigt, was passiert, wenn sich nicht an den Praktiken des Schulerfolgs orientiert wird. Zunächst fällt auf, dass der Test als Unterricht gerahmt wird („die Kinder sollen mitschreiben, was sie schaffen, der Rest wird später ergänzt"). Damit prüft die Prüfung vor allem, ob man schnell mitschreiben kann und fokussiert damit auf eine schulische Verhaltensanforderung – sie hebt auf Disziplin und zielt nicht auf das Verstehen des Gegenstandes ab. Zugleich scheint die Testsituation nicht für alle Schüler*innen erkennbar zu sein; sie wissen nicht, dass es jetzt darauf ankommt, schnell mitzuschreiben. Dieses Prüfungsformat benachteiligt somit Schüler*innen, die (a) den Ernstcharakter der Situation nicht verstanden haben, die (b) noch am Inhalt ‚hängen geblieben' sind und nachdenken und die (c) nicht schnell schreiben können. Zudem wird der Vortrag durch Zwischenfragen von der Lehrerin unterbrochen, was laut der Beobachterin als eine ziemlich hohe Anforderung ausgewiesen wird. Die Prüfung ist folglich so konstruiert, dass sie kaum zu schaffen ist. Ein sehr gutes Ergebnis ist somit unwahrscheinlich.

Auch die Notenvergabe ist intransparent. Sie erfolgt nicht nach einem definierten Kriterium, über das die Schüler*innen in Kenntnis gesetzt werden. Die Note 2 für Elisabeth wird vage damit begründet, dass sie „ne Menge mitgekriegt" hat, und die 4, dass sie sich da „mehr gewünscht" hätte. Die Note für Paul – eine 3 – wird vergeben, da es sich hierbei um ein „Mittelding" gehandelt habe. Hier greift die Lehrerin auf die soziale Bezugsnorm der Leistungsbewertung zurück, die systematisch Schulerfolg für alle Schüler*innen verhindert (vgl. Rheinberg 2002; Sacher 2009).

Mit Blick auf Prüfungsgerechtigkeit erscheint das Vorgehen zudem mehr als fraglich, schließlich könnten Schüler*innen Inhalte ergänzen, nachdem andere vorgetragen haben. Das ist nicht unwahrscheinlich, schließlich ging es ja ursprünglich darum, den fehlenden Rest später zu ergänzen. Auch die Ankündigung der nächsten Kurzkontrolle („es kommt alles dran, was sie zu Mesopotamien hatten") hilft den Schüler*innen nicht, sich gezielt auf den nächsten Test vorzubereiten – schließlich haben einige Schüler*innen mehr als andere mitgeschrieben.

Diese Szene zeigt neben vielen weiteren in der Studie von Zaborowski (2011), wie Schulmisserfolg durch Praktiken an der beobachteten Sekundar- und Hauptschule erzeugt wird (vgl. auch Straehler-Pohl 2013). Die Schüler*innen einer 5. Klasse gehen bereits wenige Wochen nach dem Schulwechsel stoisch mit der Situation ‚Test aus heiterem Himmel' um. Aber warum legen sie angesichts der offensichtlichen Ungerechtigkeit dieser Notenfindung keinen Protest ein? Die Schüler*innen haben gelernt, sich in das hidden curriculum der Schule einzufügen, das geprägt ist von Disziplin (*immer* schnell mitschreiben) und Leistungsdifferenzierung, nicht aber von Schulerfolg für alle.

Die Studien von Meier (2011) und Zaborowski (2011) sind Einzelfallstudien; die Beobachtungen wurden an wenigen Schulen angestellt. Die Befunde zeigen, wie Schulerfolg bzw. Schulmisserfolg systematisch hergestellt werden können. Interessant ist dabei, dass die *Praktiken des Schulerfolgs* nur an zwei Gymnasien, die *Praktiken der Erziehung und Disziplinierung* sowie *des schulischen Misserfolgs* nur an der Sekundar- bzw. Hauptschule gefunden wurden. Folglich ist es riskant, die Befunde zu verallgemeinern. Nicht alle Gymnasien werden sich an den Praktiken des Schulerfolgs orientieren, ebenso wenig wie sich alle Sekundar- und Hauptschulen den Praktiken der Disziplinierung und des Schulmisserfolgs verschrieben haben. Wenn man sich jedoch vor Augen führt, dass das Gymnasium die positiv ausgelesene Schüler*innenschaft besitzt, dann ist Schulerfolg mit diesen Schüler*innen (es gibt keine besseren) möglich und vor allem erwartbar. Die Sekundarschule wiederum muss ab der 7. Klasse einen Hauptschul- und einen Realschulzweig füllen. Für die Funktionsfähigkeit dieser Institution wäre Schulerfolg für alle Schüler*innen dysfunktional, denn die guten Schüler*innen würden entweder auf das Gymnasium wechseln oder aber den Realschulzweig ‚verstopfen'. Es gibt somit gute Gründe über einen Zusammenhang von Schulstrukturen und Praktiken des Schul(miss)erfolgs nachzudenken!

Fazit
Wenn wir die Ausführungen und Befunde des Kapitels resümieren, dann soll zunächst daran erinnert sein, dass die Institution Schule sich am gesellschaftlichen Leistungsprinzip orientiert und im Kapitel vor allem die sozialisatorische Wirkung von Schule beschrieben ist. Kinder und Jugendliche lernen in der Schule, das Leistungsprinzip anzuerkennen und dies mit dem Einüben entsprechender (Körper-) Praktiken zum Ausdruck zu bringen. Unter dem Primat der Leistung lernen die Schüler*innen mit der Situation von Konkurrenz umzugehen, ihre Affekte zu kontrollieren und sich hierarchisch nach Leistung zu positionieren bzw. positioniert zu werden. All diese ‚Lerninhalte' sind Gegenstand der schulischen Sozialisation und können als Heimlicher Lehrplan von Schule bezeichnet werden.

Leistung als soziale Konstruktion zu verstehen, also als etwas, das im Unterricht durch verschiedene Praktiken hervorgebracht wird, öffnet den Blick für die Anforderungen an Schüler*innen. Die Fallbeispiele haben gezeigt, dass schulische Leistungserbringung weniger an kognitive (das Denken betreffende) Vorgänge geknüpft ist als daran, sich leistungsbereit zu zeigen, d. h. sich im Unterricht zu melden, den Körper zu disziplinieren und die richtigen Produkte herzustellen.

Es war zu sehen, dass an der Herstellung von guter Leistung Lehrkräfte und Schüler*innen beteiligt sind. Bezeichnender Weise blenden die Lehrkräfte ihren Anteil an der Schüler*innenleistung aus und rechnen Schulerfolg und Misserfolg in aller Regel vollständig den Schülern*innen als individuelle Leistung zu (vgl. Breidenstein 2011, S. 354). Während einige Schüler*innen eher eine distanzierte Haltung zum Leistungsprinzip im Unterricht darstellen, so können andere wiederum im Zusammenspiel mit den Lehrkräften die ‚richtigen' Praktiken nutzen, um schulisch erfolgreich zu sein. Die Möglichkeiten für Schüler*innen Leistungen zu erbringen, das zeigen die Arbeiten von Zaborowski et al. (2011), unterscheiden sich feldspezifisch nach Schulform.

Fragen

Diskutieren Sie: Stellt die gesellschaftliche Anforderung, dass Schule sowohl alle Schüler*innen inkludieren aber auch selektieren soll, einen unvereinbaren Zielwiderspruch (Antinomie) dar?

Schulnoten gelten als nicht objektiv. Ihre Abschaffung wird immer wieder gefordert. Wenn die Schule von der Selektionsfunktion entbunden wäre, welche Auswirkungen hätte dies? Bräuchte man dann noch eine Leistungsbewertung? Was würde als Leistung gelten? Welche Art von Rückmeldungen würde es dann geben?

Wenn Leistungen von Schüler*innen schlecht sind – wer ist dafür verantwortlich?

Finden Sie Argumente für die These: Das ‚richtige' Verhalten ist der größte Einfluss auf den Schulerfolg, die größte Leistung von Abiturienten ist Selbstdisziplin!

▶ **Weiterführende Literatur**

- Hummrich, M., & Kramer, T. (2017). *Schulische Sozialisation. Lehrbuch. Basiswissen Sozialisation*. Wiesbaden: Springer VS.
- Nerowski, C. (2018). Leistung als „bewertete Handlung". *Zeitschrift für Bildungsforschung 8*, 229–248.
- Sacher, W. (2009). *Leistungen entwickeln, überprüfen und beurteilen. Bewährte und neue Wege für die Primar- und Sekundarstufe*. Bad Heilbrunn: Klinkhardt.
- Zaborowski, K. U., Meier, M., & Breidenstein, G. (2011). *Leistungsbewertung und Unterricht. Ethnographische Studien zur Bewertungspraxis in Gymnasium und Sekundarschule*. Wiesbaden: VS-Verlag.

Literatur

Becker, R., & Hadjar, A. (2017). Meritokratie. Zur gesellschaftlichen Legitimation ungleicher Bildungs-, Erwerbs- und Einkommenschancen in modernen Gesellschaften. In R. Becker (Hrsg.), *Lehrbuch der Bildungssoziologie* (S. 33–62). Wiesbaden: VS Verlag für Sozialwissenschaften.

Bennewitz, H. (2004). Helenas und Fabiennes Welt. Eine Freundschaftsbeziehung im Unterricht - In *ZSE : Zeitschrift für Soziologie der Erziehung und Sozialisation* 24 (2004) 4, S. 393-407 - URN: urn:nbn:de:0111-opus-56927 - DOI: 10.25656/01:5692.

Bräu, K., & Fuhrmann, L. (2015). Die soziale Konstruktion von Leistung und Leistungsbewertung. In K. Bräu, & C. Schlickum (Hrsg.), *Soziale Konstruktionen in Schule und Unterricht. Zu den Kategorien Leistung, Migration, Geschlecht, Behinderung, soziale Herkunft und deren Interdependenzen* (S. 49–64). Opladen: Budrich.

Breidenstein, G. (2006). *Teilnahme am Unterricht. Ethnographische Studien zum Schülerjob*. Wiesbaden: VS-Verlag.

Breidenstein, G. (2011). Zusammenfassende und vergleichende Betrachtungen. In K. U. Zaborowski, M. Meier, & G. Breidenstein (Hrsg.), *Leistungsbewertung und Unterricht.*

Ethnographische Studien zur Bewertungspraxis in Gymnasium und Sekundarschule (S. 345–366). Wiesbaden: VS-Verlag.

DWDS. „Disziplin, die". Der Deutsche Wortschatz von 1600 bis heute. (Begriffserklärung, bereitgestellt durch das Digitale Wörterbuch der deutschen Sprache). https://www.dwds.de/wb/Disziplin#1. Zugegriffen: 03. April 2020.

Fend, H. (2006). *Neue Theorie der Schule. Einführung in das Verstehen von Bildungssystemen*. Wiesbaden: VS Verlag für Sozialwissenschaften.

Geser, H. (1990). Die kommunikative Mehrebenenstruktur elementarer Interaktion. *Kölner Zeitschrift für Soziologie und Sozialpsychologie 42* (2), 7–231.

Henry, J. (1975). Lernziel Entfremdung. Analysen von Unterrichtsszenen in Grundschulen. In J. Zinnecker (Hrsg.), *Der heimliche Lehrplan: Untersuchungen zum Schulunterricht* (S. 35–41). Weinheim: Beltz.

Ingenkamp, K. (Hrsg.). (1989). *Die Fragwürdigkeit der Zensurengebung. Texte und Untersuchungsberichte* (8. Aufl.). Weinheim: Belz.

Jackson, P. W. (1975). Einübung in eine bürokratische Gesellschaft. Zur Funktion der sozialen Verkehrsformen im Klassenzimmer. In J. Zinnecker (Hrsg.), *Der heimliche Lehrplan. Untersuchungen zum Schulunterricht* (S. 19–34). Weinheim: Beltz.

Kalthoff, H. (2000). „Wunderbar, richtig". Zur Praxis mündlichen Bewertens im Unterricht. *Zeitschrift für Erziehungswissenschaft 3* (3), 429-446.

King, V., Gerisch, B., & Rosa, H. (Hrsg.). (2021). *Lost in Perfection. Zur Optimierung von Gesellschaft und Psyche*. Berlin: Suhrkamp.

Klafki, W. (1975). Probleme der Leistung in ihrer Bedeutung für die Reform der Grundschule. *Die Grundschule 10*, 527-532.

Kluge. *Etymologisches Wörterbuch der deutschen Sprache*. 25. Auflage. (2011). Berlin: de Gruyter.

Koller, H.-C. (2012). *Bildung anders denken. Einführung in die Theorie transformatorischer Bildungsprozesse*. Stuttgart: Kohlhammer.

Meier, M. (2011). Die Praktiken des Schulerfolgs. In K. U. Zaborowski, M. Meier, & G. Breidenstein (Hrsg.), *Leistungsbewertung und Unterricht – Ethnographische Studien zur Bewertungspraxis in Gymnasium und Sekundarschule* (S. 39–161). Wiesbaden: VS Verlag.

Meyer, H. (1988). *Unterrichtsmethoden I: Theorieband, Frankfurt* (2. Aufl.). Berlin: Cornelsen.

Nerowski, C. (2018). Leistung als „bewertete Handlung". *Zeitschrift für Bildungsforschung 8*, 229-248.

Reh, S., & Ricken, N. (Hrsg.) (2018). *Leistung als Paradigma. Zur Entstehung und Transformation eines pädagogischen Konzepts*. Wiesbaden: Springer VS Verlag.

Reh, S., Bühler, P., Hofmann, M., & Moser, V. (2021). Einleitung. Prüfen, Testen, Auslesen und Zuweisen. Zum Inklusions-Paradox des Schulsystems. In ebd., *Schülerauslese, schulische Beurteilung und Schülertests 1880–1980* (S. 7–28). Bad Heilbrunn: Verlag Julius Klinkhardt.

Rheinberg, F. (2002). Bezugsnormen und schulische Leistungsbewertung. In F. E. Weinert (Hrsg.), *Leistungsmessung in Schulen* (S. 59-71). Weinheim: Beltz.

Röcke, A. (2021). *Soziologie der Selbstoptimierung*. Berlin: Suhrkamp.

Sacher, W. (2009). *Leistungen entwickeln, überprüfen und beurteilen. Bewährte und neue Wege für die Primar- und Sekundarstufe*. Bad Heilbrunn: Klinkhardt.

Straehler-Pohl, H. (2013). *Mathematikunterricht im Kontext eingeschränkter Erwartungen. Beiträge zu einer soziologischen Theorie des Unterrichts.* Freie Universität Berlin. https://refubium.fu-berlin.de/handle/fub188/3310. Zugegriffen: 02. Oktober 2022.

Wenzl, T. (2010). Sich-Melden – Zur inhärenten Spannung zwischen individuellem Schülerinteresse und klassenöffentlichem Unterrichtsgespräch. *Sozialer Sinn, Zeitschrift für hermeneutische Sozialforschung 1* (11), 33-52.

Zaborowski, K. U. (2011). An den Grenzen des Leistungsprinzips. In K. U. Zaborowski, M. Meier, & G. Breidenstein (Hrsg.), *Leistungsbewertung und Unterricht. Ethnographische Studien zur Bewertungspraxis in Gymnasium und Sekundarschule* (163–320). Wiesbaden: VS-Verlag.

Zinnecker, J. (Hrsg.). (1975). *Der heimliche Lehrplan. Untersuchungen zum Schulunterricht.* Weinheim: Beltz.

Schüler*innen als Peers 5

▶ *Mit dem Begriff Peer wird auf eine Gemeinschaft von Gleichen verwiesen. Die Mitglieder einer Schulklasse sind füreinander Peers und erlangen Einfluss und Bedeutung im Hinblick auf die Teilnahme am Unterricht und auch auf die Gestaltung der sozialen Beziehungen. Das Kapitel definiert die Begriffe Peer und Peerkultur und zeigt, wie Schüler*innen ihre Peerkultur im Unterricht gestalten. Dazu etablieren sie soziale Orte, die sie nutzen, um sich zu vergemeinschaften, aber auch um sich voneinander abzugrenzen und zu hierarchisieren.*

5.1 Einleitung

Im vorangegangenen Kapitel wurde gezeigt, dass Schüler*innen beständig aufgefordert sind, sich zur schulischen Leistungsnorm zu verhalten. Zur gleichen Zeit gibt es aber noch eine weitere Anforderung, mit der sie ebenfalls dauerhaft zurechtkommen müssen: die Mitschüler*innen. Wie die Schüler*innen ihre Beziehungen und ihre Peerkultur untereinander gestalten, ist Thema dieses Kapitels.

In der Erziehungswissenschaft wird die Bedeutung von Gleichaltrigen oder Gleichgesinnten mit dem Begriff Peers betont. Das Wort Peer entstammt der englischen Sprache und bezeichnet gleichgestellte Personen, ursprünglich vor allem Mitglieder des Hochadels (peerage). Heute sind mit Peers vor allem Personen gemeint, die den gleichen sozialen Status besitzen und die aufgrund des Umstandes, dass man mit ihnen zu tun hat, bedeutsam sind. Mit Peers werden aber auch

Personen bezeichnet, die gemeinsam ihre Vorlieben teilen, wie z. B. Skateboard fahren oder wandern (vgl. Köhler et al. 2016, S. 13).

▶ **Peers** Die „peers" sind die „Gleichen", diejenigen, die einander an sozialem Rang ebenbürtig sind. Im Kontext von Entwicklungspsychologie, Sozialisationstheorie und Schulpädagogik hat sich der Begriff Peers oder Peergroup etabliert, wenn es um die sozialisatorische Bedeutung der Gleichaltrigen geht, die subjektiv und sozial relevant sind. Die Peers als Freundschaftsgruppe zu begreifen ist jedoch zu eng, denn es sind nicht nur die „Freunde", an denen man sich orientiert. Die Schulklasse kann als Paradefall der ambivalenten Bedeutung von „Peers" angesehen werden: Es handelt sich keineswegs nur um Freunde, aber doch um diejenigen, auf die man sich tagtäglich beziehen muss, zu denen man sich in ein Verhältnis setzen muss und an denen man sich in alltäglicher Interaktion orientiert (Breidenstein 2004, S. 921).

Während im alltäglichen Sprachgebrauch mit dem Begriff Peer also meist ein freundschaftliches Verhältnis beschrieben wird, geht es in der wissenschaftlichen Perspektive um jegliche Formen der Bezugnahme: um Freundschaft, Feindschaft oder auch Gleichgültigkeit. Wenn man verstehen will, wie Schüler*innen als Peers in Schule und Unterricht handeln, dann darf man Unterricht nicht nur als einen Ort der Vermittlung und des Leistens betrachten. Und weil Unterricht eine zentrale Ressource für die Gestaltung von Peerbeziehungen ist, ist eine Vorstellung davon zu entwickeln, in welchem Verhältnis Unterricht und Peerkultur zueinander stehen.

▶ **Peerkultur** Der Begriff Peerkultur folgt einem spezifischen Kulturverständnis. Kultur wird als eine Praxis begriffen, die in Interaktionen hervorgebracht, bestätigt und modifiziert wird (vgl. Corsaro 1997). Mit Peerkultur ist das Handeln und die darin eingelagerten und von den Peers geteilten Regeln, Normen und Wirklichkeitsverständnisse gemeint (vgl. Breidenstein 2004, S. 922). Peerkulturelle Praktiken sind routinierte, also eingeübte und sich wiederholende Handlungen, mit denen die Peers ihre Umwelt und ihre Beziehungen zueinander gestalten. Zu den Charakteristika peerkultureller Praktiken gehört es, dass sie Vergemeinschaftung untereinander ermöglichen, aber auch Differenz zu anderen markieren und auf hierarchische Positionierungen abheben. Sie finden sich ebenso in privaten wie auch in öffentlichen Sphären, z. B. bei Cliquenbildungen, in Kommunikation in sozialen Medien oder beim Zettelschreiben im Unterricht. Peerkulturelle Praktiken sind kein statistisches Gebilde, sondern können durch Neuinterpretationen,

5.1 Einleitung

Modifikationen und Aushandlungsprozesse immer wieder verändert werden (vgl. Corsaro 2009).

Dazu ist es hilfreich, die Arbeit des Kindheits- und Jugendforschers Jürgen Zinnecker *Die Schule als Hinterbühne oder Nachrichten aus dem Unterleben der Schüler* aus dem Jahr 1978 zu kennen. Er beschreibt Schule im Anschluss an den Soziologen Erving Goffman (1973) als einen Ort, der durch Vorderbühnen und Hinterbühnen gekennzeichnet ist. Alle Situationen, in denen offizielle Zwecke und Regeln im Vordergrund stehen, werden „Vorderbühne" genannt, alle Handlungssituationen, in denen die Beteiligten vorrangig das „Unterleben der Institution" thematisierten, gehören zur „Hinterbühne" (Zinnecker 2001, S. 255). So gehört für Zinnecker das Unterrichten im Prinzip zum offiziellen Teil der Institution, während die Hinterbühne alle Handlungen umfasst, die nicht die Ziele der Institution verfolgen oder sogar von der offiziellen Ordnung abweichen. Dazu zählen beispielsweise das vertrauliche Gespräch im Freundeskreis oder heimliches Rauchen auf der Schultoilette. Zur Hinterbühne des Unterrichts würden ebenso das heimliche Spielen mit dem Handy oder die (getuschelten) Seitengespräche gehören. Zinnecker stellt heraus, dass der große Wert der Hinterbühne darin liegt, dass sie den Beteiligten – Schüler*innen wie Lehrer*innen – beim emotionalen Überleben in der Institution Schule hilft. Für die 1970er Jahre ist eine solche Perspektive auf Schule, die das Leid aller Beteiligten betont, kennzeichnend (vgl. auch Kap. 2). Lesenswert sind auch heute noch die Arbeiten von Heinze (1980). Er zeigt, wie es Schüler*innen mithilfe von „Schülertaktiken" gelingt, in der „Zwangssituation Unterricht" (Teil-)Autonomie zu wahren (vgl. ebd., S. 72 ff.). Die Hinterbühne ist der zentrale Ort für Peer-Aktivitäten und gehört damit ebenso wie das offizielle Geschehen zur Unterrichtssituation dazu. Die Peerkultur ist also integraler Bestandteil von Unterricht.

Neuere Studien erweitern Zinneckers Theorie einer Vorder- und Hinterbühnen-Ordnung. Die Erziehungswissenschaftlerin Heike de Boer (2006, 2009) arbeitet am Beispiel von Klassenratssitzungen heraus, wie schulische Peerkultur und Unterricht sich gegenseitig beeinflussen. Unterricht kann von peerkulturellen Prozessen „überformt" werden, sodass Hinterbühnen zu Vorderbühnen werden können und umgekehrt. In unseren eigenen Arbeiten gehen wir ebenfalls von einer Verschränkung aus. Die Peerkultur durchzieht den gesamten Unterricht und der Unterricht die schulische Peerkultur (vgl. Bennewitz und Meier 2010).

5.2 Gemeinschaft, Differenz und Hierarchie

Die zentralen Charakteristika von Peerkultur wollen wir mit einem ersten Fallbeispiel verdeutlichen. Was man sehen kann, wenn das Klassenzimmer als ein Ort der Peerkultur betrachtet wird, zeigt sich an folgendem Pausengeschehen:

Raufen

Pause, 8. Klasse. Es ist das allgemeine Durcheinander im Biologieraum, das immer entsteht, wenn die Kinder in den Unterrichtsraum strömen und sich ihre Sitzplätze aussuchen, alte einnehmen oder neue erobern. Elias sitzt in der vorletzten Reihe auf einem Drehstuhl. Er trägt den typischen HipHop-Style der Jungen der Klasse. Er hat seinen Stuhl um 180 Grad gedreht – sitzt mit dem Rücken zur Tafel und legt dabei seine Beine in voller Länge über den zweiten Stuhl der Sitzreihe. (Es befinden sich nur zwei Stühle in der Sitzreihe.) Kolle betritt die Sitzreihe und fordert Elias auf, seine Beine von „seinem" Stuhl zu nehmen. Aber Elias grinst ihn nur herausfordernd an. – Na gut, er habe es ja nicht anders gewollt, sagt Kolle sinngemäß und setzt sich schwungvoll auf die Beine von Elias, die ihm jetzt quasi als Bank dienen. Elias heult auf und ächzt, aber er bleibt trotz der Last des kopfgrößeren Kolle hartnäckig so sitzen. Elias stöhnt und sagt: „Herr Meier schreibt alles auf, wenn Du mich hier vergewaltigst!" Noah, der Zeuge der Szene wird, setzt sich ein wenig in Szene und sagt: „Ein bisschen Pornographie kann nie schaden." Elias hält tapfer durch und das ändert sich auch nicht, als Kolle anfängt leicht auf den Beinen von Elias zu wippen. Elias heult kurz auf, grinst ihn dann aber fett an und sagt (mit scherzendem Tonfall), dass er sich verpissen soll. Dann setzt er nach: „Fick Dich ins Knie!" Kolle wird es nun zu blöd, er steht auf und zieht den Stuhl einfach unter Elias Beinen weg. So einfach ist das! Kolle dreht sich um und will sich schon auf den Stuhl setzten, als er bemerkt, dass durch das Wegziehen unter Elias Turnschuhen ein langer schwarzer Streifen quer über der Sitzfläche entstanden ist. Sofort dreht er sich wieder um, fasst sich reflexartig an seinen Hintern, klopft ihn ‚sauber' und blickt grübelnd zum Stuhl. Dann fährt Kolle Elias leicht beleidigt an: „Ihhh, Elias! Du elender Arsch', hol mir einen neuen Stuhl!" Doch Elias weist das locker zurück: Nee, würd' er nich' machen. Versöhnlich setzt er hinterher, dass er sich außerdem abregen soll, sie dürften eh nicht nebeneinandersitzen. Frau Zweig würde bestimmt einen von den beiden wegsetzen. Kolle sagt darauf ebenso versöhnlich: „Mensch, ich brauch heute jemanden, den ich volllabern kann." Er schnappt sich den beschmierten Stuhl, um ihn gegen einen sauberen auszutauschen. Doch auf halbem Wege schallt

5.2 Gemeinschaft, Differenz und Hierarchie

es energisch von der Tafel zu ihm herüber: „Was machst Du da?!", will Frau Zweig wissen. Kolle sagt, er wolle sich nur einen anderen Stuhl besorgen, und zeigt auf die leere Stelle in der Bankreihe. Er wüsste doch genau, dass er nicht neben Elias sitzen dürfe! Er solle gleich an Ort und Stelle bleiben, befiehlt ihm Frau Zweig. Kolle gehorcht resignierend und setzt sich widerwillig zu Anja und Anne. Kolles Mimik spricht Bände: Na, das wird ja eine wenig vergnügliche Unterrichtsstunde! (unveröffentlichter Protokollausschnitt von Michael Meier 2003). ◄

Was lässt sich an dieser Szene sehen und was können wir über Schüler*innen als Peers lernen? Im Fallbeispiel geht es um die Möglichkeit – und Notwendigkeit – soziale Beziehungen in der Unterrichtssituation zu gestalten. Als Kolle den Klassenraum betritt, hat Elias schon seinen Sitzplatz bezogen. Beide sind gute Kumpel und folglich steuert Kolle auf seinen Platz neben Elias zu. Es folgt eine kleine Auseinandersetzung, die der Logik folgt, dass sich Elias lässig der Forderung von Kolle widersetzt und der nun mit steigendem Nachdruck den Sitzplatz einfordert. Was passiert hier? Wir sehen, wie die beiden Jungen gemeinsam einen Interaktionsraum erzeugen. Mitten im Klassenzimmer entsteht ein sozialer Ort, ein Interaktionsfeld, das sich als Nahraum zwischen Elias und Kolle aufspannt. Die Auseinandersetzung zwischen beiden kann als ein spielerischer Machtkampf begriffen werden, in dem sie ihre soziale Rangordnung verhandeln. Jenseits der Frage, wer den ‚battle' entscheidet, ist es wichtig, diese Auseinandersetzung im Kontext der Schulklasse zu verorten. Denn kaum etwas, das im Klassenzimmer geschieht, wird nicht von irgendjemanden beobachtet. Dem Protokoll zufolge schauen mindestens Noah und der Ethnograf der Aufführung der beiden zu. Die Auseinandersetzung wird unter den Augen der Zuschauer zu einer klassenöffentlichen Show für die Umsitzenden. Die Art und Weise der Konfliktinszenierung und Bearbeitung verspricht durchaus spannend und unterhaltsam zu werden: Wer wird sich durchsetzen, wer gewinnt? Laut Protokoll greifen Mitschüler*innen nicht in die Handlung ein, sind aber als Publikum beteiligt. Erst durch die Beobachtung des Publikums wird der Nahraum der beiden zu einer Bühne.

Die Beobachtung gibt der Auseinandersetzung einen zusätzlichen Sinn: Elias kann sich nun vor Publikum als lässig, cool und unbeugsam darstellen. Und auch Kolle wird sich bemühen, sich als selbstbewusst, konfliktfähig und gewitzt vor seinem Publikum zu inszenieren, auch wenn sein Versuch, Elias zu einer Aufgabe des Platzes zu bewegen, nicht zu seiner vollen Zufriedenheit aufgegangen ist.

Am Ende zeigen sich die Jungen gegenseitig, aber auch dem Publikum an, wie sie zueinander stehen, und wie die Situation aufzufassen ist: Sie stellen nachdrücklich heraus, dass ihnen etwas an ihrer Sitznachbarschaft liegt. Elias ist für Kolle ein attraktiver Sitznachbar, weil man ihn gut „volllabern" – sprich: gut mit ihm reden – kann, und vermutlich gilt dies auch umgekehrt. Die Auseinandersetzung war also nicht ernst gemeint – sie war Spaß. Die beiden Mädchen, zu denen sich Kolle nach der Intervention der Lehrerin schließlich setzen muss, stellen für ihn ausdrücklich keine alternativ attraktive Sitznachbarschaft dar.

Wenn wir nun also die gesamte Szene in den Blick nehmen, dann können wir mit Blick auf peerkulturelle Praktiken bereits weitreichende Überlegungen anstellen. Wir sehen einen Vergemeinschaftungsprozess: Elias und Kolle zeigen sich wechselseitig an, dass ihnen etwas an ihrer Sitznachbarschaft liegt. Ferner können wir dem Protokoll entnehmen, dass sich die Jungen in eine ‚battle'-Situation begeben, die das Potenzial hat, soziale Hierarchisierungen zu begründen. Ferner sehen wir Differenzierungsprozesse, da die Praktiken dieser Jungen sich beispielsweise deutlich von denjenigen anderer Schüler*innen der Klasse unterscheiden. Damit sind die zentralen Dimensionen peerkultureller Praktiken benannt: Sie erzeugen Differenz zu anderen Peers, beinhalten Vergemeinschaftung mit anderen und ermöglichen es, soziale bzw. hierarchische Positionen kenntlich zu machen. Mit den folgenden Beispielen werden wir zeigen, wie und an welchen Orten Peerkultur im Unterricht stattfindet.

5.3 Soziale Orte im Klassenzimmer

Wir haben in unseren ethnografischen Studien, die auf teilnehmenden Beobachtungen fußen, beständig gesehen, dass Schüler*innen verschiedene Kommunikationsräume – von uns soziale Orte genannt – im Unterricht interaktiv herstellen (vgl. Bennewitz und Meier 2010; Meier 2023). Hier bilden sie Gemeinschaften oder grenzen sich voneinander ab und positionieren sich hierarchisch zueinander. Die sozialen Orte können unterschieden werden nach Reichweiten und Anzahl der Beteiligten (vgl. Tab. 5.1). Unterschieden werden dabei visuelle Räume, die im Klassenzimmer durch wechselseitige Beobachtung entstehen, akustische Räume, die durch Sprache hervorgebracht werden und haptische Räume, die durch Körperkontakte konstruiert werden. Sie existieren nebeneinander und können sich überlagern. Alle diese sozialen Orte werden – anders als es das letzte Beispiel nahelegt – nicht nur in den Unterrichtspausen etabliert, sondern sie gehören als fester Bestandteil zum Unterricht. Aus der Perspektive von Schüler*innen ist die

Tab. 5.1 „Soziale Orte im Unterricht" (Bennewitz und Meier 2010, S. 105)

Sozialer Ort	Beschreibung	Personen
Für-sich-Welt	kein Kontakt zu Mitschüler*innen oder Lehrer*innen; abgeschirmt	1
Nahraum	unmittelbare Nähe	2
Kleinwelt	kleinere Gruppe	3 bis 5
Bühne	bindet die Aufmerksamkeit vieler, zieht Blicke auf sich	1 bis ganze Klasse
Publikum	erzeugt durch Beobachtung eine Bühne	1 bis ganze Klasse
Begegnung	Standortwechsel	1 bis 5
Fernraum	keine unmittelbare Nähe, nonverbal	2

Teilnahme am Unterricht durch einen häufigen Wechsel zwischen sozialen Orten gekennzeichnet. Die einzelnen Orte werden wir mit Fallbeispielen erklären.

5.3.1 Für-sich-Welten

Wenn Schüler*innen keinen Kontakt zu Mitschüler*innen oder zu Lehrkräften aufnehmen oder anstreben, sondern ihren eigenen Angelegenheiten nachgehen, wie z. B. malen, lesen, unter der Bank mit dem Handy spielen, in die Luft starren oder still an Aufgaben arbeiten, so handelt es sich um eine Für-sich-Welt. Charakteristisch ist in der Unterrichtssituation, die von räumlicher Enge geprägt ist, ihre meist nur kurze Dauer.

Für-sich-Welt 1

Anne schreibt. Dies tut sie derart, dass sie ihren linken Arm weit von sich nach vorn auf den Tisch legt und unterhalb des Unterarms und oberhalb des Kopfes schreibt. Sie schafft sich so eine ‚¾-abgeschlossene' Arbeitsfläche, in die man schlecht hineingucken kann. Sie tippt in ihren Taschenrechner, hält dabei zwischen Mittelfinger und Ringfinger ihren Füller. Der Aufgabenzettel füllt sich zusehends. Die Stimme von Frau Müller erhebt sich, Anne guckt auf. Sie war nicht gemeint, rechnet weiter (unveröffentlichter Protokollausschnitt von Michael Meier 2001).◄

Diese Szene zeigt, wie die Schülerin Anne durch ihre Körperhaltung einen eigenen Bereich schafft, der für den Forscher nur schwer einzusehen ist. Man kann erkennen, dass sie mit einem Aufgabenzettel, Taschenrechner und Füller hantiert. Was genau sie tut, ist aber nicht zu erkennen. Annes Für-sich-Welt wird kurz unterbrochen, als sie auf die Stimmmodulation der Lehrerin reagiert, aufblickt und damit zum Publikum wird (s. u.).

> **Für-sich-Welt 2**
>
> Der neben mir sitzende Robert schreibt. Es handelt sich wohl um eine Aufgabe, die er eigentlich schon hätte abgeben müssen. Sascha haut ihm auf den Rücken und sagt grinsend: »Das ist mein Freund!« Eine scheinbar kameradschaftliche Geste. Sascha haut jedoch so kräftig, dass es weh tun muss. Er schlägt noch zwei oder dreimal auf Roberts Rücken und sagt noch mal lachend: »Das ist mein Freund!« (Breidenstein 2006, S. 99 f.).◄

Die Szene zeigt, wie Robert von Sascha in seiner Für-sich-Welt gestört wird. Das Perfide an Saschas Handlung ist, dass er mit einer „scheinbar kameradschaftliche[n] Geste" Robert schlägt. Die unter dem Deckmantel der Freundschaft versteckte Gewalt kaschiert erstens die körperliche Übergriffigkeit, der Robert hier ausgesetzt ist, und sie spielt zweitens mit dem Umstand, dass Robert ein Außenseiter in der Klasse ist und vermutlich sehr gerne Saschas Freund wäre. Robert erträgt in dieser Szene das Mobbing durch Sascha (ebenso wie in vielen weiteren Situationen das Mobbing durch seine Mitschüler*innen). Im Verlauf der Stunde kämpft Robert mit den Tränen und versucht sich über die gesamte Unterrichtsstunde hinweg in seine Für-sich-Welt zurückzuziehen, aber er wird beständig durch Saschas körperliche und verbale Übergriffe hieran gehindert. Es entsteht dabei ein Nahraum. Diese Szene und das sich hieran anschließende Geschehen zeigen damit auf drastische Weise, dass das Herstellen einer Für-sich-Welt in der physischen Enge des Klassenzimmers ein schwieriges, wenn nicht sogar unmögliches Unterfangen sein kann, wenn die jeweiligen Sitznachbarn oder Lehrkräfte nicht gewillt sind, mitzuspielen. Durch die räumliche Anordnung von Tischen und Stühlen sind Schüler*innen vielmehr ständig aufgefordert bzw. gezwungen, Nahräume zu gestalten. Die Enge im Klassenzimmer führt zu unausweichlichen Begegnungen, die potenziell auch bedrohlich ausfallen können.

5.3.2 Von Nahräumen und Kleinwelten

Der Nahraum und die Kleinwelt stellen soziale Orte dar, in denen peerkulturelle Aktivitäten auf wenige Teilnehmende begrenzt sind. Während ein Nahraum zwei

5.3 Soziale Orte im Klassenzimmer

in unmittelbarer Sitznachbarschaft sitzende Schüler*innen beschreibt, sind in einer Kleinwelt drei bis fünf Schüler*innen kommunikativ aufeinander bezogen. Ein typisches Beispiel für eine Kleinwelt stellen Peergespräche an einem Gruppentisch dar, an dem sich die Schüler*innen etwa über Sinn und Unsinn einer Aufgabenstellung unterhalten. Im Folgenden werden wir Beispiele für einen Nahraum und eine Kleinwelt geben und zeigen, welche peerkulturellen Aktivitäten sich in diesen entfalten können.

Nahraum

Gymnasium, Physikunterricht, 8. Klasse. Die Lehrerin ist gerade dabei zu erklären, wie dieses Phänomen genannt wird. Sie artikuliert laut und deutlich und zieht die Aufmerksamkeit wieder auf sich: „Diese Tatsache nennt man, und dies kann jetzt vielleicht sogar farbig geschrieben werden, die ‚Goldene Regel der Mechanik'". Fabienne kichert. „Welche Regel?" – „Ich hab kein Gold", meint Helena – „Ich hab keine Regel", lacht Fabienne und weiter: „Was is denn die goldene Regel?«" Unterdessen spricht die Lehrerin zu einer Schülerin: „Du hast kein Goldstift dabei, dann nimm schwarz". Fabienne zückt daraufhin einen goldenen Stift, zeigt ihn Helena und steckt ihn gleich wieder in ihre Stiftrolle. Helena konterkariert die Lehrerin: „Farbig, mmh, nimm schwarz". Fabienne lacht laut auf und fragt noch einmal „Was ist die Goldene Regel der Mechanik?" (Bennewitz 2004, S. 400).◄

Für gewöhnlich quatschen die Mädchen Helena und Fabienne in jeder Unterrichtsstunde recht viel miteinander. Somit mag es auf den ersten Blick etwas erstaunlich erscheinen, dass ausgerechnet diese beiden die besten Schülerinnen ihrer Klasse eines Elitegymnasiums sind. Doch wenn man sich ihre Unterrichtskommunikation genauer anschaut, dann sieht man schnell, dass diese Mädchen in einer spezifischen Art und Weise miteinander im Gespräch sind. Sie achten sehr genau darauf, dass sie erstens sehr leise miteinander sprechen (und keine*n Mitschüler*innen stören oder sich den Groll der Lehrkraft zuziehen), und zweitens darauf, dass sie ihre Gespräche in die natürlichen Leerstellen des Unterrichts platzieren. In der zitierten Szene markiert die Lehrerin durch eine etwas deutlichere Artikulation, dass der nun benannte Unterrichtsinhalt wichtig ist. Augenblicklich wird der Aufmerksamkeitsmarker von den Mädchen registriert und entsprechend richten sie sofort ihre Aufmerksamkeit auf die Lehrerin bzw. den Unterrichtsgegenstand. Dass die Schülerinnen tatsächlich auch bei der Sache sind, kann daran abgelesen werden, dass die beiden Mädchen die Äußerungen der Lehrerin ironisch zu kommentieren wissen.

Die Freundinnen gestalten ihren Nahraum in einer fröhlichen und unterhaltsamen Art und Weise. Sie machen Späßchen und folgen dem Unterrichtsgeschehen gleichzeitig. Damit gelingt es ihnen scheinbar mühelos, aus einem vergleichsweise langweiligen Frontalunterricht, eine für sie amüsante Unterrichtsstunde zu machen. Das Unterrichtsgespräch liefert ihnen quasi permanent Stoff für ihre Kommentierungen und sie nutzen ihren Nahraum sowohl für die Aufwertung des Unterrichts als auch für die Gestaltung ihrer Freundschaftsbeziehung. Sie vergemeinschaften sich als Freundinnen und grenzen sich damit von den anderen Schüler*innen der Klasse ab. Richten wir nun unseren Blick auf eine weitere Szene aus dem Unterricht.

Kleinwelt und Begegnung

Integrierte Gesamtschule. 7. Klasse. Gruppenarbeit an Gruppentischen. Juliette findet die Sexstellungen der Chinesen spannend, redet dann darüber, dass die es bestimmt anders treiben. Ob sie das auch auf das Plakat draufmachen dürfen, fragt sich Juliette laut. Sie steht auf und geht zu Frau Zahn, kommt zurück und verkündet dem Tisch, dass sie unter der Rubrik „Bräuche und Sitten" da auch was dazu anführen dürften. Arvid malt mit Kohle auf der Pappe herum, radiert diese Zeichnung dann wieder weg. Macht das zwei Mal und ist erstaunt, wie gut dieser spezielle Radierer die Kohle wieder wegrubbelt. Etwas später flirtet Arvid etwas unbestimmt mit Juliette und Kathrin, dass sie bei ihm teuren Wein trinken könnten. Dann, dass Prosecco nichts Besonderes wäre, Champagner schon, und Wein mit 30 DM wäre ja nicht so teuer. Schließlich erzählt er mir zugewandt, wie lange Wein lagern müsse. Elke tritt von hinten an Arvid heran, sieht das leere Plakat und meint spöttisch: „Ihr seid aber schon weit." Dann grabscht sie nach Arvid und sagt: „Arvid ist ein Hübscher." Sie ‚würgt' Arvid kurz, knufft ihn. Robert sagt darauf Bezug nehmend: „Arvid ein Hübscher, wa!" – „Hast Du Internetzugang?", will Juliette von Arvid wissen, was dieser bejaht. Juliette will nach Sex und Chinesen surfen. Robert schlägt vor, dass sie (Arvid und Juliette) das ja vor der Klasse vorführen könnten. – Nee, sagt Juliette, mit Kuscheltieren (unveröffentlichter Protokollausschnitt von Michael Meier 2001).◄

Ein typisches Beispiel für eine Kleinwelt stellen Gespräche an einem Gruppentisch dar. An diesem Protokollausschnitt lässt sich gut sehen, wie schulische Aufgabenstellungen mit Themen, die für Peers relevant sind, verbunden werden. Die Schüler*innengruppe soll ein Plakat zum Thema Kultur und China erarbeiten. Juliette nutzt die Aufgabe, um das Thema Sexualität zu forcieren. Arvid scheint ebenfalls ein vages Interesse daran zu haben. Er beginnt einen plumpen Flirt und schmückt ihn mit Angebereien. Die Mädchen reagieren nicht und so wendet sich Arvid ‚fachmännisch' an den Ethnografen.

Etwas später erscheint Elke am Tisch. Die Kleinwelt verändert sich durch ihre Ankunft. Sie – die leistungsstärkste Schülerin der Klasse – kontrolliert den Stand der Arbeit und macht sich über die Gruppe lustig. Damit greift sie indirekt Arvid als (zweit)besten Schüler an, der an diesem Tisch die Hauptverantwortung für das zu erstellende Produkt tragen muss. Anschließend würdigt sie seine fachlichen Kompetenzen weiter herab. Aus dem weltmännischen Weinkenner macht sie einen „Hübschen" und ein im Wortsinn ergreifbares Objekt. Robert tritt nun erstmalig während der gesamten Beobachtung – die mehr umfasst als diesen Ausschnitt – als Akteur in Erscheinung. Er verbündet sich mit Elke und stützt ihren sexistischen Angriff auf Arvid („Hübscher"). Im Handlungsverlauf beendet Juliette dieses Geschehen, indem sie sich zu Arvid nach Hause einlädt, um sein Internet zu nutzen. Erneut interveniert Robert, doch Juliette weiß diesen Einwurf schlagfertig zu kontern. Sie lässt Robert einfach als Freund expliziter Fantasien im Regen stehen.

Die Analyse der peerkulturellen Handlungen bringt zum Vorschein, dass die Schüler*innen den „Stoff" des Unterrichts zu ihrem Thema machen. In ihren Interaktionen vollziehen sie Prozesse der Vergemeinschaftung. Der Besuch von Elke verändert die Situation am Gruppentisch. Deutlicher wird nun, wie um (hierarchische) Positionen gerungen wird. Es geht im sozialen Gefüge nicht nur darum, sich Gehör zu verschaffen und wahrgenommen zu werden (Robert gelingt dies nur selten), sondern auch um die zu erbringende (offizielle) Leistung. Hieran ist zu sehen, wie sich schulische und peerkulturelle Anforderungen untrennbar miteinander verbinden. Nicht immer aber sind Begegnungen Besuche. Sie ergeben sich auch bei kurzen ‚Ausflügen' zum Mülleimer, zum Klassenschrank oder zum Computer in Freiarbeitsphasen. Dann sind kurze Ansprachen, Berührungen oder auch das Weitergeben von Dingen möglich.

5.3.3 Von Bühnen und ihrem Publikum

Im Gegensatz zu Nahräumen und Kleinwelten stellen Bühnen gewissermaßen herausgehobene soziale Orte dar. Bühnen werden durch hervorstechende Handlungen von Schüler*innen errichtet, die die Aufmerksamkeit des Publikums auf sich und von der Lehrkraft abziehen. Den Begriff Unterrichtsbühnen hat Jürgen Zinnecker (2001) geprägt (s. o.). Während Zinnecker das peerkulturelle

Handeln der Schüler*innen – von wenigen Ausnahmen abgesehen – insbesondere auf den Hinterbühnen des Unterrichts verortet (vgl. insb. Für-sich-Welten, Nahräume, Kleinwelten), werden wir im Folgenden Beispiele sehen, wie Schüler*innen im Unterricht (Vorder-)Bühnen errichten – und damit in Konkurrenz um Aufmerksamkeit mit der Lehrperson treten.

Bühne

Integrierte Gesamtschule, Wirtschaft, 7. Klasse. Juliette brüllt von ihrem Platz zu Frau Fischer: „Der isst" und zeigt auf Robert. Robert guckt erst komisch, macht dann den Mund nach einigen Bewegungen auf. Nichts liegt auf der Zunge, die Kinder vermuten aber ganz stark, dass er „es" sich unter die Zunge geschoben hat (unveröffentlichter Protokollausschnitt von Michael Meier 2001).◄

In dieser Unterrichtsszene zieht Juliette die Aufmerksamkeit der Klasse (und die des Unterrichtsbeobachters) weg von der Lehrkraft und ihrem Unterrichtshandeln hin zu Robert. Sie brüllt unvermittelt in die Klasse, womit sie selbst die Regeln überschreitet. Allerdings steht nicht sie, sondern Robert nun als Angeklagter auf der Bühne: Isst Robert etwa im Unterricht? Juliette macht mit ihrem Verhalten die Schulklasse und auch die Lehrerin zu ihrem Publikum. Robert ist auf eine Bühne gestellt worden und die geballte Aufmerksamkeit ist auf ihn gerichtet (vgl. auch Breidenstein und Kelle 2002). Er entschließt sich, die ihm von Juliette zugewiesene Rolle des potenziell Delinquenten anzunehmen und mitzuspielen: Er öffnet seinen Mund, um den Beweis anzutreten, dass er nicht im Unterricht gegessen hat. Doch seine Beweisführung reicht scheinbar vielen Zuschauer*innen nicht aus, denn sie vermuten, dass Robert „es sich unter die Zunge geschoben hat". Die Bühne wird durch die Publikumsaktivitäten etwas verlängert, doch dann ist sie ebenso schnell wieder beendet, wie sie hervorgebracht wurde.

Im Gegensatz zu Nahräumen und Kleinwelten ziehen Peerbühnen Aufmerksamkeit von Publikum auf sich. Damit drängen sie fachliches Geschehen in den Hintergrund und binden die Aufmerksamkeit vieler, manchmal aller Beteiligten, meist für kurze Zeiträume. Lehrkräfte beanspruchen normalerweise ein Monopol auf die Gestaltung von Bühnen und so kann der ‚Kampf' um Aufmerksamkeit, den manche von ihnen mit ihren Schüler*innen führen, als ein Ringen um Aufmerksamkeit verstanden werden, die ein rares Gut darstellt. In einem weiteren Beispiel werden wir sehen, wie auf mehreren Bühnen im Klassenzimmer um die Aufmerksamkeit des Publikums gerungen wird.

Bühne und Publikum

Stephan schreibt scheinbar Zettelchen, aber so genau habe ich das nicht mitbekommen. Jedenfalls steht nun Frau Müller vor Stephan und fordert ihn auf, ihr den ‚Brief' zu geben. Stephan lehnt sich weit zurück und hält den Zettel unter dem Tisch fest. Seiner gequälten Mimik ist zu entnehmen, dass er keine Lust hat, den Brief herzugeben, aber dass er sich auch verpflichtet fühlt, dieser Anweisung irgendwie nachzukommen. Er grinst verlegen und kämpft sichtlich mit sich. Ralf ruft ihm zu: „Behalte ihn! Gib ihn nicht her!" (Wohlwissend, dass Frau Müller ihm den Brief nicht aus der Hand reißen wird und der Unterricht irgendwann weitergehen muss.) Stephan zuckt vor und lehnt sich zurück und sieht weiterhin gequält aus und zieht es vor, wie die Frau von Lot zur Salzsäule zu erstarren. Plötzlich springt Tonne auf und geht zügig (vielleicht zwei Meter) zu Stephan herüber. Er beugt sich herab und nimmt ihm den Zettel aus der Hand. Dann geht er triumphierend auf seinen Platz zurück. Frau Müller scheint sich nicht für Tonne und den Verbleib des Zettels zu interessieren. (Vielleicht denkt sie, was ich denke: Tonne würde den Zettel auch eher essen, als ihn herzugeben.) Sie guckt Stephan weiterhin eindringlich und bestimmend an. Leise tadelt sie ihn noch und schert sich derweilen auch nicht um die Klasse (unveröffentlichter Protokollausschnitt von Michael Meier 2003).◄

Dieses Beispiel zeigt ein dynamisches Ineinandergreifen von Bühnen- und Publikumsaktivitäten: Die Blicke der Schüler*innen und die des Ethnografen folgen der Lehrerin, als diese die Tafel verlässt und an Stephan herantritt. Durch das Zusammenspiel von Lehrerhandlung und Aufmerksamkeitsstruktur von Schüler*innen und Ethnografen wird nun die Hinterbühnenaktivität – Zettelchen-Schreiben – auf die Vorderbühne des Unterrichts gehoben. Mit dem Eingriff von Tonne in die festgefahrene Situation zwischen Frau Müller und Stephan errichtet dieser eine zweite Bühne neben der ersten. Auf der einen Bühne vollzieht sich weiterhin die Auseinandersetzung zwischen der Lehrerin und Stephan, und auf der anderen Bühne kann sich Tonne für sein Husarenstück feiern (lassen). Man sieht jedenfalls an dieser kleinen Unterrichtsszene, wie schnell Bühnen entstehen und verschwinden können, aber auch neue neben etablierte treten können. Die Bühne ist kein statischer Ort, die an bestimmten Lokalitäten (z. B. vorne an der Tafel) festgemacht werden kann. Bühnen sind dynamische Orte und müssen sozial hergestellt werden. Erst wenn sich die Teilnehmenden entscheiden, Zuschauer*in zu werden, können Bühnen entstehen. Bühnen benötigen ein Publikum.

Publikum

Sandra schaut zu Holger herüber und hört ihm vermutlich auch zu. Ein Grinsen erscheint in ihrem Gesicht. Bald ist dieses Grinsen wieder weg. Sie verfolgt mit ihren Blicken und vermutlich auch mit ihren Gedanken die Mitschüler, die gerade an der Reihe sind. Karsten erzählt gerade lang und breit von seinen Leseerlebnissen, die perfekt darüber hinwegtäuschen, dass er den Text eigentlich nur vom Hörensagen her kennt. Sandra verfolgt weiter, wie sich Mirko über den Text äußert. Sie wirft ihm – nachdem er eine lustige Bemerkung tat – einen Blick zu, der zwischen Interesse, Distinktion und Koketterie oszilliert. Gerade die feinen Nuancierungen ihres Mienenspiels haben kommentarhaften Charakter. Sandra wirkt sehr aufmerksam, interessiert. Ihr Körper ist fast reglos – einzig ihr Gesicht wendet sich den Sprechern zu (Meier 2004, S. 112 f.). ◄

Wie sich an dieser Beschreibung zeigen lässt, sieht das Publikum nicht einfach den Akteur*innen auf der Unterrichtsbühne zu, sondern sie kommentieren das Bühnenhandeln mit ihrem Minenspiel und ihrer Gestik. Das Publikum steht dem Bühnengeschehen nicht neutral gegenüber. Hier ist zu sehen, wie Sandra das Handeln ihrer Mitschüler*innen, die nach und nach in der (geordneten) Frontalunterrichtssituation die Unterrichtsbühne betreten und wieder verlassen, durch ihre Mimik bewertet. Ihr Grinsen signalisiert wahrscheinlich Gefallen, der Blick zu Mirko könnte so etwas bedeuten wie: „Nicht schlecht, Mirko, wirklich nicht schlecht. Das hätte ich nicht von dir erwartet." Die Kommentierung ist selbstverständlich nicht nur für die jeweiligen Sprecher*innen sichtbar, sondern für alle Anwesenden. Mimik und Gestik sind ebenfalls bedeutsam, wenn Schüler*innen miteinander agieren wollen, sich aber nicht in direkter Sitznachbarschaft befinden.

5.3.4 Von Begegnungen und Fernräumen

Ebenso wie das Bühnenpublikum über kleinere und größere Entfernungen mit den Protagonist*innen auf den Bühnen kommuniziert, so können zwei weitere soziale Orte im Unterricht identifiziert werden, in denen peerkulturelle Kommunikation über größere Entfernung erfolgt: Begegnungen und Fernräume. Begegnungen sind

5.3 Soziale Orte im Klassenzimmer

Kommunikationsgelegenheiten, die durch Bewegungen im Klassenraum entstehen, d. h. wenn Schüler*innen einen Ortswechsel nutzen, um mit anderen kurzen Kontakt aufzunehmen, beispielsweise beim Gang zum Mülleimer, zum Klassenschrank oder zum Computer in Freiarbeitsphasen. Mitunter werden auf dem Weg durch das Klassenzimmer auch Zettelchen oder Freundschaftsbücher zugesteckt. Wenn eine Bewegung durch den Klassenraum nicht möglich oder gewollt ist, so können Fernräume für nonverbale Kommunikation genutzt werden.

Fernräume

Gymnasium, Englisch, 7. Klasse. John nimmt jetzt durch den Raum Blickkontakt mit Thomas auf. Die ehemaligen Nachbarinnen Eve und Marilyn unterhalten sich quer über die Tische mittels Zeichensprache. Überhaupt nehmen jetzt die voneinander „Getrennten" wieder Kontakt auf. Die Lehrerin ist inzwischen zu Englisch übergegangen, sie spielt eine Sportreportage vom Band vor. Es ist zwar ganz still, doch ein Netz an nonverbaler Kommunikation durchzieht den Raum, das die gerade Getrennten knüpfen. Besonders expressiv: Leoni und Franny, die sich jetzt im U direkt gegenübersitzen. Leoni markiert mimisch „Weinen/Klagen" (runtergezogene Mundwinkel), „Wut" (blitzende Augen, Zähne fletschen), „Lachen" und „Küsschen". Franny seufzt gestisch, zieht die School Days hoch und blickt fragend nach links und rechts. Ihre beiden Nebenplätze sind noch frei, vermutlich sind dort die heute fehlenden Schüler Claudius und Anton vorgesehen, was auch wohl die Sorge ist, der sie Ausdruck verleiht. John zeigt Thomas „krabbelnde Finger" auf dem Tisch. (Heißt das: „Sollen wir zusammen nach Hause gehen?"?). Als Thomas im Unterricht drankommt, blickt er anschließend in Johns Richtung und grinst Beifall heischend. Marilyn und Leoni bedienen sich weiter der Fingersprache (unveröffentlichter Protokollausschnitt von Georg Breidenstein 2001).◄

Diese Szene zeigt verschiedene Varianten nonverbaler Kommunikationsprozesse. Per eindringlichem Blickkontakt, Zeichensprache (eine Art Finger-Alphabet), expressiven Mimiken und Gesten kommunizieren die Schüler*innen über die Distanzen des Klassenzimmers hinweg. In diesem Beispiel bringen sie zumeist Leiden an der gegenwärtigen Situation zum Ausdruck, die beispielsweise durch die Darstellung starker Emotionen, wie Wut, aber auch durch Ratlosigkeit und Unwissenheit, zum Ausdruck gebracht werden. Wenn man sich vergegenwärtigt, was dieser Situation unmittelbar vorausgegangen war, dann werden die Handlungen der Schüler*innen verständlich. Die Englischlehrerin hatte unmittelbar zuvor etwa ein Viertel der Schüler*innen dieser Klasse umgesetzt und damit mehrere etablierte Sitznachbarschaften aufgehoben. Wir sehen hier also nicht nur, wie Fernräume gestaltet werden, sondern dass sich die peerkulturelle Kommunikation im Klassenzimmer durch Auseinandersetzen erschweren, aber nicht unterbinden lässt. Zugleich können wir ein zentrales Spezifikum der Fernraumkommunikation erkennen. Während beispielsweise die Kommunikation im Nahraum auf eine*n oder zwei Schüler*innen begrenzt ist, können potenziell alle Schüler*innen mit Sichtkontakt die Kommunikation mitverfolgen; sie hat damit quasi klassenöffentlichen Charakter. Mit Blick auf den situativen Kontext könnte man auch sagen, dass das hier zumeist dargestellte Leiden an der Situation eine doppelte Adressat*innenschaft gewinnt. Denn einerseits zeigt die Leidensgeste der*dem verlassenen Sitznachbar*in an, wie lieb man sie*ihn als Nachbar*in hatte, und zugleich stellt sie gegenüber der*dem neuen Sitznachbar*in heraus, wie schrecklich man ihre*seine Gegenwart empfindet. Der Vergemeinschaftung der einen Peers geht in diesem Beispiel mit einer Abgrenzung und zum Teil auch einer hierarchischen Höherpositionierung einher. Der klassenöffentliche Charakter der Fernraumkommunikation steigert die Reichweite und damit auch den Effekt der peerkulturellen Kommunikation deutlich. Richten wir nun einen Blick auf den sozialen Ort Begegnung.

Begegnung

Integrierte Gesamtschule, Freiarbeit, 7. Klasse. Dann geht Ben auf seinen Platz zurück. Ich weiß nicht, ob der Unterricht nun begonnen hat, denn viele Kinder stehen noch rum und unterhalten sich. Ich habe Ben nur kurz aus den Augen gelassen. Auf einmal sitzt er auf dem Platz seiner Nachbarin, etwas später dann aber doch wieder auf seinem. Er packt nun seine Brotdose ein und wendet sich dann wieder an die Lehrerin, spricht kurz mit ihr. Dann geht er zu einem Schrank gegenüber der Tafel. Auf dem Weg dahin spricht er ein Mädchen an und hält kurz bei ihr. Dann öffnet er einen Schrank, macht ihn wieder zu und geht zu einem anderen Schrank an der gegenüberliegenden Wand. Dabei kommt er an Michael vorbei. Auch zu ihm sagt er etwas. Aus dem Schrank holt er einen Block bzw. mehrere. Mit diesen geht er wieder zum ersten Regal, verstaut dort die Blöcke, hat nun nur noch einen, den er zu seinem Platz trägt. Dann wendet er sich schon wieder an die Lehrerin und ruft ihren Namen. Frau Zscherbel nickt ihm zu und er verlässt den Klassenraum, den er erst – ich schätze eine Viertelstunde – später wieder betritt. In der Pause erklärt er mir, dass er im Lichthof war, um dort zu lesen, denn in der Klasse könne er sich nicht konzentrieren. Obwohl immer noch viele rumlaufen, miteinander reden etc. haben doch einige Kinder still mit ihren Arbeiten begonnen (unveröffentlichter Protokollausschnitt von Hedda Bennewitz 2001).◄

Bezeichnender Weise beginnt das Protokoll mit einer Unsicherheit der Beobachterin, nämlich ob der Unterricht schon begonnen habe. Der Umstand, dass die Kinder herumstehen und miteinander reden, deutet normalerweise auf eine Pausensituation hin, nicht aber auf Unterricht. Ben zeigt in diesem Beispiel einen durchaus typischen Umgang mit Freiarbeitssituationen. Einerseits sucht er sich seine Arbeitsmaterialien und Aufgabenstellungen zusammen, andererseits nutzt er die Wege zwischen den Arbeitsschritten für Kommunikationen mit seinen Mitschüler*innen. Bis er den Klassenraum verlässt, wechseln sich bei ihm Arbeit und peerkulturelle Kommunikation beständig ab. In dieser Szene lässt sich sehen, dass Ben mehrfach die Nähe zu einigen Mitschüler*innen sucht, aber sich auch von ihnen distanziert, wenn er zum Arbeiten das Klassenzimmer verlässt. Es scheint, als wollte er damit zum Ausdruck bringen: Ich hab euch echt gern, aber ich kann einfach nicht mit euch zusammenarbeiten.

Fazit
Unsere Perspektive auf Schüler*innen als Peers hat deutlich gemacht, dass es eine beständige Anforderung gibt, in der Klasse zu interagieren und mit den Mitschüler*innen zurecht zu kommen. Dies gilt nicht nur auf dem Schulweg und in den Pausen, sondern auch für die Unterrichtssituation. Es zeigt sich eine fast durchgehende gegenseitige Bezugnahme, nicht nur derjenigen, die direkt nebeneinandersitzen – auch wenn sich der eigene Sitzplatz als besonders bedeutsam erweist. Die Teilnahme am Unterricht ist davon maßgeblich geprägt: Wer seine Freundin, wer seinen Freund in der Nähe hat, ist nicht allein und kann jederzeit sowohl auf Unterstützung als auch auf Unterhaltung hoffen.

In der Perspektive der Peerkultur ist die Schulklasse ein interaktiver und öffentlicher Ort. Die Peers sind stets Teilnehmende und Beobachtende, sie sind Akteur*innen und Publikum und sie können durch die Beobachtung von anderen auf Bühnen gehoben werden. Die von den Peers geschaffenen Interaktionsräume können nach Anzahl der Teilnehmenden und Reichweiten als verschiedene soziale Orte beschrieben werden. Sie erfüllen jedoch alle die gleichen Funktionen. Als Teil einer Interaktionsgemeinschaft geht es zum einen darum, soziale Verbindungen sichtbar zu machen und zu bestätigen: Wer freiwillig nebeneinander sitzt, der dokumentiert Nähe oder sogar Freundschaft. Zugleich ist damit immer auch eine Differenz zu anderen markiert: Mit dir habe ich weniger zu tun oder sogar ich möchte mit dir nichts zu tun haben. In eher gruppenförmigen Begegnungen werden dann insbesondere soziale Positionen um Wortführerschaft, Beliebtheit oder Ausgrenzung verhandelt (vgl. Kap. 4). Diese peerkulturellen Handlungen müssen als integraler Bestandteil des Unterrichts angesehen werden. Mit anderen Worten: Die Aktivitäten sind gebunden an die Unterrichtssituation, sie werden dort hervorgebracht und sind damit Ausdruck eines spezifischen Handlungsvollzugs. Unterricht ohne Peerkultur kann es nicht geben. Es ist zu betonen, dass Peerkultur nicht gegen Unterricht oder gegen Lehrkräfte gerichtet ist, sondern sich meist unauffällig zeigt. Wie wir am Beispiel von Helena und Fabienne gesehen haben, können sich hochfrequente peerkulturelle Tätigkeiten nicht nur hervorragend in die Unterrichtssituation, sondern auch in den laufenden Unterricht einfügen. Dennoch vermögen peerkulturelle Tätigkeiten – und das ist fürwahr keine neue Erkenntnis – die Unterrichtsordnung nicht nur herauszufordern, sie können sie mitunter auch fast zum Erliegen bringen (vgl. Zinnecker 2001, S. 334 ff.; Meier 2019, S. 51 ff.). Letztlich ist es aber vor allem immer wieder erstaunlich, wie geschickt die meisten Schüler*innen die zwei unterschiedlichen Anforderungslogiken der Schule balancieren, um sowohl Schulerfolg als auch soziales Wohlbefinden zu ermöglichen. Ob und wenn ja, wie sich die Konkurrenz um gute Noten (vgl. Kap. 4) innerhalb der Peerkultur zeigt, ist bislang noch nicht systematisch erforscht worden.

Fragen

Peers werden als diejenigen definiert, die an sozialem Rang ebenbürtig sind. Diskutieren Sie: Inwiefern sind die Schüler*innen und Schüler einer Klasse an sozialem Rang ebenbürtig und inwiefern sind sie es nicht?

Wenn Peerkultur davon bestimmt ist, dass sich (Mit)Schüler*innen vergemeinschaften, abgrenzen und hierarchisieren – was bedeutet das für didaktische Konzepte wie „Schüler*innen helfen Schüler*innen"?

Diskutieren Sie, ob und wenn ja, wie Lehrkräfte versuchen sollten, peerkulturelle Aktivitäten zu unterbinden. Machen Sie zunächst eine Erinnerungsübung: Welche sozialen Orte haben Sie früher als Schüler*in gerne bzw. oft hergestellt? Welche (peerkulturellen) Themen haben Sie in diesen Orten jeweils bearbeitet?

▶ **Weiterführende Literatur**

- Breidenstein, G. (2006): *Teilnahme am Unterricht. Ethnographische Studien zum Schülerjob.* Wiesbaden: VS Verlag.

- Köhler, S.-M., Krüger, H.-H., & Pfaff, N. (2016). *Handbuch Peerforschung*. Opladen: Barbara Budrich.
- Meier, M. (2023). Modelle schulischer und schulbezogener Vorder-, Neben- und Hinterbühnen. In K. Bräu, L. Fuhrmann, & P. Rother (Hrsg.), *Die verborgenen Seiten von Hausaufgaben*. Weinheim: Beltz Juventa.

Literatur

Bennewitz, H. (2004). Helenas und Fabiennes Welt. Eine Freundschaftsbeziehung im Unterricht. *Zeitschrift für Soziologie der Erziehung und Sozialisation 4*, 393–407.
Bennewitz, H., & Meier, M. (2010). Zum Verhältnis von Jugend und Schule. Ethnographische Studien zu Peerkultur und Unterricht. In A. Brake, & H. Bremer (Hrsg.), *Alltagswelt Schule. Die soziale Herstellung schulischer Wirklichkeiten* (S. 97–110). München: Juventa.
Boer, H. de (2006). *Klassenrat als interaktive Praxis. Auseinandersetzung – Kooperation – Imagepflege*. Wiesbaden: VS-Verlag.
Boer, H. de (2009). Peersein und Schülersein – ein Prozess des Ausbalancierens. In H. de Boer, & H. Deckert-Peaceman (Hrsg.), *Kinder in der Schule. Zwischen Gleichaltrigenkultur und schulischer Ordnung* (S. 105–118). Wiesbaden: VS Verlag für Sozialwissenschaften.
Breidenstein, G. (2004). Peer Interaktion und Peer Kultur. In W. Helsper, & J. Böhme (Hrsg.), *Handbuch der Schulforschung* (S. 921–940). Wiesbaden: VS-Verlag.
Breidenstein, G. (2006). *Teilnahme am Unterricht. Ethnographische Studien zum Schülerjob*. Wiesbaden: VS Verlag.
Breidenstein, G., & Kelle, H. (2002). Die Schulklasse als Publikum. Zum Verhältnis von Peer Culture und Unterricht. *Die deutsche Schule 94* (3), 319–329.
Corsaro, W. A. (1997). *Sociology of Childhood*. Thousand Oaks: Pine Forge Press.
Corsaro, W.A. (2009). Peer Culture. In J. Qvortrup, W. A. Corsaro, & M.S. Honig (Hrsg.), *The Palgrave Handbook of Childhood Studies* (S. 301-315). Palgrave Macmillan, London.
Goffman, E. (1973). *Asyle. Über die soziale Situation psychiatrischer Patienten und anderer Insassen*. Frankfurt a. M.: Suhrkamp.
Heinze, T. (1980). *Schülertaktiken*. München: Urban und Schwarzenberg.
Köhler, S.-M., Krüger, H.-H. & Pfaff, N. (2016). Peergroups als Forschungsgegenstand – Einleitung. In ebd. (Hrsg.), *Handbuch Peerforschung* (S. 11–33). Opladen: Barbara Budrich.
Meier, M. (2004). Das Mona Lisa Problem – Methodische Anmerkungen zur Verbalisierung von "Sozial Leisem". *Zeitschrift für qualitative Bildungs-, Beratungs- und Sozialforschung 5* (1), 109–115.
Meier, M. (2019). Spannungsfelder ethnographischer (Schul- und Unterrichts-) Forschung. In Zifonun, D., Schmidt, L-M. & Lorenzen, J,-M. (Hrsg.), *Methodologien und Methoden der Bildungsforschung. Quantitative und qualitative Verfahren und ihre Verbindungen* (S. 46–66). Weinheim: BelzJuventa.
Zinnecker, J. (2001). *Stadtkids. Kinderleben zwischen Straße und Schule*. Weinheim: Juventa.

Schule als Lebenswelt. Rückblick und Ausblick 6

▶ *Zum Abschluss des Buches lassen wir die Kapitel Revue passieren und bieten zwei Impulse an, in denen wir die Themen Kooperation und Konkurrenz zwischen Peers und Schüler*innen sowie Schule als Lebenswelt von Schüler*innen aufgreifen.*

Unser Buch verfolgt zwei Ziele. Zum einen zeigen wir, wie Schüler*innen in unterschiedlichen sozialwissenschaftlich geprägten Konzepten perspektiviert, d. h. mit welchen theoretischen Annahmen Schüler*innen beschrieben und wissenschaftlich untersucht werden können (Kap. 2): Mit der Schüler*innenrolle wird insbesondere auf gesellschaftliche Erwartungen aufmerksam gemacht, sich in das System Schule einzupassen und Leistungen zu erbringen. Werden Schüler*innen als Akteure*innen und Gestalter*innen einer schulischen Lebenswelt wahrgenommen, die sich eigene Interaktionsräume schaffen und den Unterricht in eigenem Interesse und mit Einfluss zu gestalten wissen, geraten peerkulturelle und unterrichtliche Routinen in den Blick. Mit Schüler*innenbiografien wird das Erleben von Schule und die individuelle Bearbeitung schulischer Anforderungen sichtbar. Zum anderen ist uns daran gelegen, grundlegende unterrichtliche Anforderungen an Schüler*innen darzustellen. Der Fokus des Buches liegt auf der Beschäftigung mit Interaktionen, in und mit denen die unterrichtliche Lebenswelt von Schüler*innen hervorgebracht wird. Mithilfe einer durchgehenden Orientierung an Beobachtungen rücken wir das Handeln von Schüler*innen in den Mittelpunkt. Unser Interesse gilt dabei den Themen Heterogenität (Kap. 3), Leistung (Kap. 4) und Peerkultur (Kap. 5), da wir diese Dimensionen als grundlegend für den Alltag von Schüler*innen erachten. Mit dieser Entscheidung klammern wir bewusst andere Perspektiven auf Schüler*innen aus. Auf die Beschäftigung mit pädagogisch-psychologischen Dimensionen des Schüler*inseins, wie z. B. Motivation oder Selbstwirksamkeit (Fend 1997; Fuchs 2005) verzichten wir ebenso, wie auf Untersuchungen, die das Leistungsvermögen von Schüler*innen in den Blick nehmen, wie es beispielsweise die PISA-Studien tun. In all diesen Studien werden zwar viele Schüler*innen getestet und befragt, doch ihre Lebenswelt und die Anforderungen, diese zu gestalten, kommen ebenso wie ihre spezifischen Perspektiven nicht zum Ausdruck (vgl. Vieluf & Klieme 2023).

Über die Auswahl der drei Dimensionen Heterogenität, Leistung und Peers wird deutlich, wie Unterschiede zwischen Schüler*innen in unterrichtlichen Situationen konstruiert, d. h. interaktiv hervorgebracht und durch Vergleiche, die vor allem am Kriterium der Leistung orientiert sind, erzeugt werden (Kap. 3). Dabei ist das machtvolle Konstruktionsgeschehen vor allem an Sprache gebundenen und positioniert die Schüler*innen hierarchisch, z. B. als leistungsstark/ leistungsschwach oder beliebt/unbeliebt. Diese Positionen sind bedeutsam, weil sie sich auf die Selbstwahrnehmung und die Handlungs- und Teilhabemöglichkeiten auswirken. Leistung wurde von uns als eine soziale Konstruktion eingeführt, die im Unterricht durch verschiedene Praktiken gemeinsam von Lehrpersonen und Schüler*innen hervorgebracht wird (Kap. 4). Dadurch wird sichtbar, dass schulische Leistungserbringung weniger an kognitive Vorgänge geknüpft ist als daran, sich leistungsbereit zu zeigen, d. h. sich im Unterricht zu melden, den Körper zu disziplinieren und die richtigen Produkte herzustellen. Eindrücklich bleibt, wie die Lehrpersonen ihren Anteil an der Schüler*innenleistung ausblenden, um den Schulerfolg bzw. Misserfolg den Schüler*innen als individuelle Leistung zurechnen zu können. Neben der dauerhaften Herausforderung, Lernleistung zu erbringen, haben sich auch die Mitschüler*innen als beständige Anforderung des Unterrichts erwiesen (Kap. 5). Es zeigt sich eine durchgehende gegenseitige Bezugnahme, was den Unterricht zu einer Art von öffentlichem Ort macht. Innerhalb der Unterrichtssituation etablieren die Peers weitere Interaktionsräume, die nach Anzahl der Teilnehmenden und Reichweiten variieren und die Teilnahme am Unterricht maßgeblich prägen. Damit sind peerkulturelle Aktivitäten als integraler Bestandteil des Unterrichts bestimmt. Sie können sich lautlos vollziehen, die Unterrichtsordnung stützen oder herausfordern oder sie mitunter auch zum Erliegen bringen. Letztlich zeigt sich, wie geschickt die meisten Schüler*innen die unterschiedlichen Anforderungslogiken der Schule balancieren, um sowohl Schulerfolg als auch soziales Wohlbefinden zu ermöglichen. Zuweilen, das legt die Beschäftigung mit Heterogenität, Leistung und Peers nahe, scheint die unterrichtliche Teilhabe von Schüler*innen von einem grundlegenden Spannungsverhältnis zwischen Konkurrenz und Kooperation getragen zu sein. Hier zeichnet sich ein Phänomen ab, das aus unserer Sicht noch nicht systematisch in den schulpädagogischen Diskurs Eingang gefunden hat.

Vor dem Hintergrund unseres Buches zeigt sich, dass die Konkurrenz unter den Schüler*innen eine doppelte ist: Zum einen konkurrieren die Schüler*innen um das für gewöhnlich knappe Gut (sehr) guter Leistungen und zum anderen konkurrieren Peers um das ebenfalls knappe Gut der Beliebtheit oder stabiler, unterstützender Beziehungen. Diese Konkurrenzen stehen in einem Spannungsverhältnis zur Anforderung unterrichtsbezogener Kooperation bzw. der Anforderung Leistungskonkurrenz auch innerhalb der Peerbeziehungen zu bearbeiten. So könnte sich aus der Sicht von Schüler*innen die Frage stellen, ob die eigenen, mühsam erstellten Unterrichtsmitschriften oder Hausaufgaben anderen Mitschüler*innen zur Verfügung gestellt werden sollen. Unter Freund*innen scheint dies selbstverständlich, aber was ist, wenn diesen ‚Service' Mitschüler*innen erbitten, die ihre Mitschriften niemals teilen, mit denen man nicht in Kontakt steht oder sie sogar ‚nicht leiden' kann? Sollen auch diese Peers profitieren und dann möglicherweise die gleiche schulische Leistung in einer Klassenarbeit zeigen können? Auch ist zu fragen, wie die Konkurrenz um gute Noten und um Beliebtheit innerhalb von Cliquen und Freundschaftsbeziehungen verhandelt wird. Damit ist das strukturelle Problem markiert, dass eine Weitergabe von schulischen Leistungen vermutlich die Beliebtheit unter den Peers steigert, die Schüler*in aber im schulischen Wettbewerb in eine nachteilige Situation gerät.

Es ist also davon auszugehen, dass es spannungsvolle, auszubalancierende Anforderungen zwischen den peerkulturellen und unterrichtlichen Anforderungen gibt. Das Verhältnis von Konkurrenz und Kooperation verstehen wir als ein strukturelles Widerspruchsmoment, das beispielsweise mit dem Streber-Diskurs bearbeitet wird. Ein*e Streber*in ist eine Person, die nicht nur gute Leistungen (qua vermeintlich natürlicher Begabung) in der Schule zeigt, sondern darüberhinausgehend zu viel für die Schule tut, sodass peerkulturelle Beziehungen zu kurz kommen. Der Streber-Vorwurf kann somit als Warnung an Mitschüler*innen als Peers verstanden werden, das Verhältnis von Konkurrenz und Kooperation neu zu justieren (vgl. Breidenstein und Meier 2004). Auch wenn es offenbar Hinweise auf eine Verhältnisbestimmung von Konkurrenz und Kooperation unter Schüler*innen gibt, scheint uns dieser Zusammenhang noch nicht systematisch dargestellt und bearbeitet zu sein. Wir möchten das Buch daher mit Vorschlägen beschließen, die sich auf weiterführende Forschungen richten und angereichert sind mit pädagogisches bzw. didaktischen Überlegungen.

Ausblick 1: Sozialisation in der Spannung von Konkurrenz und Kooperation
Weiterführende Forschungen könnten das Verhältnis von Konkurrenz und Kooperation sozialisationstheoretisch perspektivieren (Kap. 4.2), insbesondere wenn man der Annahme folgt, dass sich gesellschaftliche Verhältnisse auch in Schule und Unterricht spiegeln und dort auch identitätsrelevante Erfahrungen und Prozesse der Persönlichkeitsentwicklung stattfinden (vgl. Budde und Weuster 2018). Helmut Fend (2008) macht in seinem Buch „Neue Theorie der Schule" aus einer sozialisationstheoretischen und strukturfunktionalistischen Perspektive auf die Bedeutung von Peers aufmerksam und subsummiert: „Die Peers können (1) Schutz vor den Zumutungen der Schule bieten, sie sind (2) wichtige Lernfelder für den Kompetenzerwerb und sie sind (3) wichtige Orte der Befriedigung von Grundbedürfnissen der Zugehörigkeit und Geltung. Schulklassen als Kontexte der Sozialisation können aber auch das Gegenteil sein: (1) sozialer Ort der Abwehr von offiziellen schulischen Lernangeboten, (2) „Brutstätten" der Einübung in Devianz und Primitivkulturen sowie (3) Orte des Mobbings, der Demütigungen und der Ausstoßungserfahrungen" (ebd., 73 f.).

Ein Teil dieser Funktionen lässt sich bereits in den ethnographischen Studien *Learning to labor* (deutsch: Spaß am Widerstand) von Paul Willis (1977) sowie der Hinter- und Vorderbühnenkonzeption von Jürgen Zinnecker (1978) Jahre entnehmen. Weitgehend werden Familie, Schule und Peers allerdings als getrennte Sozialisationsinstanzen verstanden (vgl. zum Überblick Hummrich und Kramer 2017), auch stellt sich eine an Sozialisation gebundene Perspektive auf Kinder und Jugendliche, sowie Schüler*innen und Unterricht aktuell als vernachlässigt dar (vgl. Scheid et al. 2023). Mit der auch von uns eingenommene Perspektive Schüler*innen vor allem als Akteur*innen zu betrachten gerät zwar in den Blick *wie* Schüler*innen bzw. Peers am Unterricht teilnehmen, nicht aber welche sozialisatorische Bedeutung der doppelten Anforderung von Peer- und Schüler*in-Sein zugeschrieben werden kann und wie Familie, Schule und Peers sozialisatorisch zusammenwirken. So gehen beispielsweise Hausaufgaben in den Unterricht ein und werden als Schüler*inleistung konstruiert, obwohl systematisch unsicher ist, in welchen Praxen die Hausaufgaben gründen: sie könnten mit Fleiß selbst erstellt, von Mitschüler*innen abgeschrieben oder unter Hilfestellung von Eltern angefertigt worden sein (vgl. Fuhrmann 2022). Dieses Moment, also dass Hausaufgaben (wie auch andere Produkte wie Plakate, Schüler*innenvorträge, etc.) Resultat differenter Netzwerke sind (vgl. Meier-Sternberg 2023, S. 29), wird der Schul- und Unterrichtsforschung für gewöhnlich ausgeblendet. Auch eine Rekonstruktion familialer und peerkultureller Praxen, die als Teil schulischer Sozialisation verstanden werden müssen, sofern sie schulbezogen sind (da sie ohne Schule nicht stattfinden würden), führen auf einer zu der Frage, wie die Momente von Konkurrenz zwischen und

Kooperation von Schüler*innen gestaltet werden. Wie halten Familien ihren Nachwuchs dazu an, ihr Verhältnis zu Mitschüler*innen auszugestalten und wie gehen sie schließlich mit ihren Kindern und deren „Schülerjob to go" (Bennewitz 2023) um? Schließlich wäre noch genauer zu fragen, wie sich klassistische und rassistisch geprägte Dimensionen im Kontext von Kooperation und Konkurrenz in Schule und Unterricht zeigen. Wir vertreten die Ansicht, dass Schule und Unterricht ohne eine Rekonstruktion dieser doppelten Anforderungsstruktur von Schülerrolle und Peersein nicht angemessen verstanden werden kann. Wer Unterricht *wirklich* verstehen möchte, muss das Augenmerk auf die Praxen richten, die sich auf den Hinterbühnen des Unterrichts sowie der Schule ereignen.

Ausblick 2: Die Schule als Lebenswelt
Immer wieder ist in unserem Band über die Lebenswelt von Schüler*innen gesprochen worden. Forschungen, die sich darauf beziehen, signalisieren damit eine Nähe zu den Arbeiten von Schütz (2020), der sich Ende der 1950er Jahre in Anlehnung an Husserl (1931) (vgl. Kap. 2.3) mit der Erforschung der alltäglichen sozialen Wirklichkeit beschäftigt hat. Alltag beschreibt für ihn „die Welt der Kulturgegenstände und sozialen Institutionen, in die wir alle hineingeboren werden, innerhalb der wir zurechtkommen und mit der wir uns abfinden müssen. […] Diese Welt – unsere Lebenswelt – hat eine besondere Bedeutung und Relevanzstruktur für uns Menschen, die wir darin leben, denken und handeln" (Schütz 2020, S. 30). Die Bedeutung der Lebenswelt bzw. die Unterschiedlichkeit kindlicher bzw. jugendlicher Lebenswelten (bzw. Milieus) für Bildungsprozesse ist in der erziehungswissenschaftlichen Forschung vielfach herausgestellt worden (vgl. z. B. Deppe 2023; Brake und Bremer 2010). Dennoch gehört die Lebenswelt von Schüler*innen in vielen Lehramtsstudiengängen (bzw. in ihren bildungswissenschaftlichen Studienanteilen), aber auch im Referendariat, zu den eher randständig behandelten Themen. Dieser Umstand dürfte auf unterschiedliche Ursachen beruhen, wobei wir zwei davon für wesentlich erachten: (1) Mit den Standardisierungsbemühungen der Lehrer*innenbildung durch die Veröffentlichungen der KMK zu Beginn der 2000er Jahre verengt sich der Kanon universitärer Lehre in den Bildungswissenschaften auf vier Aspekte: Erziehung, Unterricht, Beratung und Innovation. Schüler*innen und ihre Lebenswelt kommen dort nicht vor. (2) Fast zeitgleich haben in der Folge der PISA-Befunde zur Leistungsfähigkeit des Schulsystems große Teile des gesellschaftlichen und vor allem bildungspolitischen Diskurses dominiert. Schüler*innen tauchen dort vor allem als Objekte möglichst effizienter, schulischer Bildungsbemühungen auf, die vor allem möglichst hohe Leistungen erbringen sollen.
Diese Situation halten wir für misslich, denn – um es im Anschluss an Jürgen Zinnecker (2000) zu sagen – Schule und Unterricht findet eben nicht nur auf ihrer

Vorderbühne statt, auf der es um die Vermittlung von Fachinhalten, Kompetenzerwerb und Einübung in eine Leistungsgesellschaft geht, sondern ebenso auf den schulischen Neben- und Hinterbühnen, in denen wesentliche Sozialisations- aber auch Bildungsprozesse stattfinden.

Schulen, d. h. Schulleitungen, Lehrpersonen aber auch Referendar*innen sind immer aufgefordert Schule zu entwickeln bzw. diese und ihr eigenes pädagogisches Handeln zu innovieren (KMK 2004). Viele empirische Befunde zu Schule und Unterricht bieten Hinweise auf Wirkungen und Nebenwirkungen pädagogischen Handelns und Ansatzmöglichkeiten dem schulischen Alltag zu begegnen und die Lebenswelt Schule demokratisch und inklusiv sowie frei von (seelischer) Gewalt im Sinne einer *diversity education* zu gestalten. Eine so verstandene Bildung wird bestimmt von einem Spannungsverhältnis zwischen Gleichheit und Verschiedenheit. Dieses Spannungsmoment wurde unter der Denkfigur einer „egalitären Differenz" (Prengel 2011, S. 36) ausbuchstabiert. Für Tippelt und Heimlich (2020) wird inklusive Bildung für Schüler*innen dann erfahrbar, wenn sie nicht nur an Bildungssituationen in der Schule teilhaben, sondern diese auch (mit)gestalten können. Für Schüler*innen und Lehrer*innen ist die Schule vor allem dann ein lebenswerter und lernreicher Ort, wenn ihnen mit Wertschätzung begegnet und Diskriminierungen unterbunden werden; soziale Eingebundenheit sollte mit Entscheidungsfreiheit und einem Erleben von Könnerschaft gekoppelt sein. Solche Erfahrungen sollten Schüler*innen aber nicht nur mit ihren Lehrpersonen auf der Vorderbühne des Unterrichts machen, sondern ebenso auf den zahlreichen schulischen Hinterbühnen als Peers.

Die Anforderungen Schule zu gestalten sind aber nicht nur für Erwachsene hoch. Gerade auch für Schülerinnen und Schüler stellt sich bis zum Ende der Schulpflicht die Frage, wie man Schule ‚überleben' soll. Dass es sich hierbei nicht nur um eine metaphorische, sondern mitunter auch um eine existentielle Frage handelt, zeigen zahlreiche Diskriminierungs-, Mobbing- und Gewalterfahrungen von Schüler*innen im Kontext Schule auf (Kap. 3.4. u. 5.3.1). Schulpflicht bedeutet Teil einer Zwangsgemeinschaft zu sein: Man hat sich weder seine Lehrkräfte noch seine Mitschüler*innen ausgesucht, muss aber dennoch mit ihnen umgehen. Schüler*innen müssen also lernen, die schulischen und peerkulturellen Spielregeln zu lesen und sich zu diesen zu verhalten, und zwar bestmöglich so, dass sie ihre Identität entfalten können und keinen Schaden erleiden. Die schulischen und peerkulturellen Spielregeln können für die Identitätsentwicklung produktiv und hilfreich sein und bestens miteinander harmonieren, sie können aber auch in Spannung zueinander geraten und die Identität beschädigen. Unserer Wahrnehmung nach haben (angehende) Lehrkräfte zumeist positive Erfahrungen mit Schule gemacht. Das gilt leider nicht für alle an Schule (Zwangs-)Beteiligten.

> **Fragen**
>
> Wenn Sie an Ihre Schulzeit zurückdenken: Wie gestaltete sich bei Ihnen das Verhältnis von schulischer Leistungsorientierung und peerkultureller Kooperation?
> Wenn Sie an Ihre Lebenswelt Ihrer Schulzeit zurückdenken: Diskutieren Sie, ob und inwiefern Ihre damalige Lebenswelt als repräsentativ für die Lebenswelt heutiger Schüler*innen (aller sozialen Milieus) gelten kann.
> Diskutieren Sie Maßnahmen, damit Kinder, Jugendliche und Erwachsene in der Schule Wertschätzung erfahren können.

▶ **Weiterführende Literatur**

- Bennewitz, Hedda, de Boer, Heike und S. Thiersch (Hrsg.). *Handbuch der Forschung zu Schülerinnen und Schülern*. Münster: utb./Waxmann.

Literatur

Bennewitz, H. (2023). Der Schülerjob ‚to go'. Ein Beitrag zur Ethnographie von Schüler:innen im familialen Feld. In A. Schnitzer, A. Bossen, C. Freytag, G. Meister, A. Roch, S. Siebholz & T. Tyagunova (Hrsg.), *Schulische Praktiken unter Beobachtung* (S. 115-129). Wiesbaden: Springer VS.

Brake, A. & Bremer, H. (2010). *Alltagswelt Schule: Die soziale Herstellung schulischer Wirklichkeiten*. Weinheim: Beltz Juventa.

Breidenstein, G. & Meier, M. (2004). „Streber" – zum Verhältnis von Peer Kultur und Schulerfolg. In *Pädagogische Rundschau, 58* (2004) 5, S. 549–563.

Budde, J. & Weuster, N. (2018). *Erziehungswissenschaftliche Studien zu schulischer Persönlichkeitsbildung Angebote – Theorien – Analysen*. Wiesbaden: Springer VS:

Deppe, U. (2023). Soziale Ungleichheit und Differenz. In H. Bennewitz, H. de Boer und S. Thiersch (Hrsg.). *Handbuch der Forschung zu Schülerinnen und Schülern* (S. 218–228). Münster: utb./Waxmann.

Fend, H. (1997). *Der Umgang mit Schule in der Adoleszenz. Aufbau und Verlust von Lernmotivation, Selbstachtung und Empathie*. Bern: Huber.

Fend, H. (2008). *Neue Theorie der Schule.* 2. Auflage. VS Verlag für Sozialwissenschaften.

Fuchs, C. (2005). *Selbstwirksam lernen im schulischen Kontext. Kennzeichen – Bedingungen – Umsetzungsbeispiele*. Bad Heilbrunn: Julius Klinkhardt.

Fuhrmann, L. (2022). *Hausaufgaben im Unterricht. Ethnographie eines schulischen Entgrenzungsphänomens*. Bad Heilbrunn: Klinkhardt.

Tippelt, R. & Heimlich, U. (Hrsg.)(2020). *Inklusive Bildung. Zwischen Teilhabe, Teilgabe und Teilsein*. Stuttgart: Kohlhammer.

Hummrich, M. & Kramer, R.T. (2017). *Schulische Sozialisation*. Wiesbaden: Springer.

Husserl, E. (1931/1973). Husserliana, Gesammelte Werke / Edmund Husserl Cartesianische Meditationen und Pariser Vorträge (S. IJsseling, Hrsg.; 2. Aufl.). Dordrecht: Kluwer.
KMK (2004). *Standards für die Lehrerbildung: Bildungswissenschaften. Beschluss der Kultusministerkonferenz vom 16.12.2004 i. d. F. vom 7.10.2022.* https://www.kmk.org/fileadmin/Dateien/veroeffentlichungen_beschluesse/2004/2004_12_16-Standards-Lehrerbildung.pdf
Meier-Sternberg, M. (2023). Modelle schulischer und schulbezogener Vorder-, Neben- und Hinterbühnen. In K. Bräu, L. Fuhrmann & P. Roth (Hrsg.), *Die verborgenen Seiten von Hausaufgaben* (S. 18-30). Weinheim: Beltz Juventa.
Prengel, A. (2011). Selektion versus Inklusion – Gleichheit und Differenz im schulischen Kontext. In H. Faulstich-Wieland (Hrsg.), *Umgang mit Heterogenität und Differenz. Professionswissen für Lehrerinnen und Lehrer Band 3* (S. 23–48). Baltmannsweiler und Zürich: Schneider Verlag Hohengehren.
Scheid, C., M. Silkenbeumer, M., B. Zizek, B. & L. Zizek, L. (2023) (Hrsg.), *Sozialisationstheorie und -forschung revisited. Ein Paradigma im Lichte der neuen Kindheits- und der Jugendforschung* (S. 43–60). Wiesbaden: Springer.
Schütz, A. (2020). *Strukturen der Lebenswelt*, hg. von M. Endreß & S. Klimasch, Alfred Schütz Werkausgabe, IX. Köln: Halem.
Vieluf, S. & Klieme, E. (2023) Teaching Effectiveness Revisited Through the Lens of Practice Theories. In A.-K. Praetorius & Y. Charalambos (Hrsg.), *Theorizing Teaching Current Status and Open Issues* (57–95). Wiesbaden: Springer.
Willis, P. (1977). *Learning to Labour. How Working Class Kids Get Working Class Jobs.* Saxon House.
Zinnecker, J. (1978). Die Schule als Hinterbühne oder Nachrichten aus dem Unterleben der Schüler. In G.-B. Reinert (Hrsg.), *Schüler im Schulbetrieb. Berichte und Bilder vom Lernalltag, von Lernpausen und vom Lernen in den Pausen.* Rowohlt.
Zinnecker, J. (2000). Soziale Welten von Schülern und Schülerinnen. Über populäre, pädagogische und szientifische Ethnographien. *Zeitschrift für Pädagogik 46* (5), 667-690.

MIX
Papier aus verantwortungsvollen Quellen
Paper from responsible sources
FSC® C105338

If you have any concerns about our products,
you can contact us on
ProductSafety@springernature.com

In case Publisher is established outside the EU,
the EU authorized representative is:
**Springer Nature Customer Service Center GmbH
Europaplatz 3, 69115 Heidelberg, Germany**

Printed by Libri Plureos GmbH
in Hamburg, Germany